| 蓟汉丛书 |

章太炎研究中心 主编

章念驰——著

子其艰贞

晚年章太炎

上海人民出版社

1932 年在北京，弟子刘半农为太炎先生摄像，钱玄同制作敬献，作为讲学纪念。

1934年太炎先生定居苏州，购买锦帆路二幢新宅为家。一幢为他住宅，一楼会客，二楼居住，并扩建藏书楼，与二楼相接，便于读书、写作、藏书。居苏二年为他一生最安定美满的时期。

当年章氏国学讲习会的教室。

这是我1961年寒假回家过年时在后花园菜地画的一幅水彩写生。前面一幢房子是原章氏国学讲习会旧址，原"十开间"只剩下一半了。房前隐隐可见前花园。前花园前可见第二幢楼，为家属住，我祖母、叔父、姑妈、父母均住于此。"前花园"当年是这二幢楼的后花园。如今人是物非，讲习会旧址也不复存在了，菜园也没有了，只剩下这张水彩写生，留下了一点点历史记忆。

太炎先生与夫人汤国梨合影，二老是汤夫人两位母亲，左侧是生母。

祖母汤国梨与我兄弟姊妹四人。

太炎先生自用茶梅纹红漆木笔筒。

太炎先生自用白瓷笔洗。

太炎先生自用松鹤纹铜墨盒。

太炎先生自用"炳麟印信""太炎"寿山石对

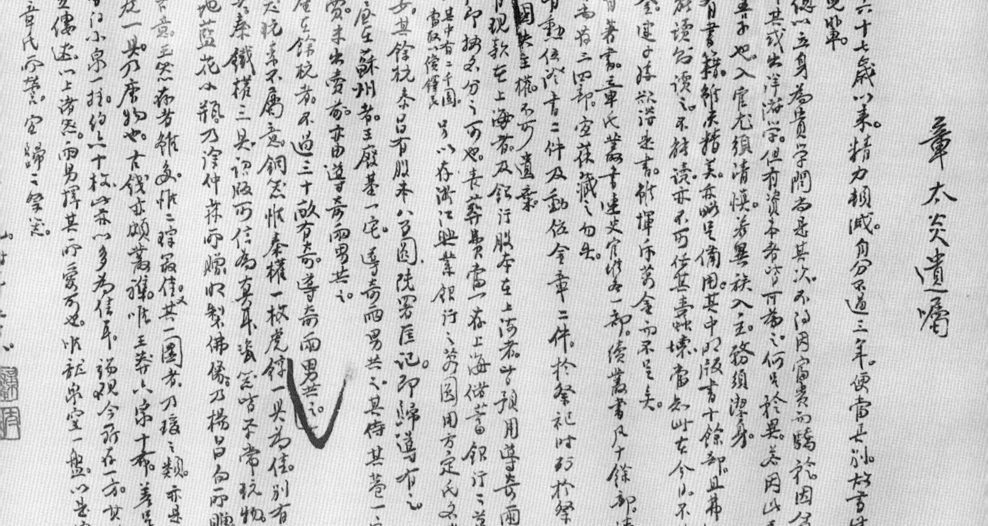

章太炎遺囑

余自六十七歲以來。精力稍減。負分之道三年。便當杜絕校書以遺子孫

太炎先生遗嘱。

《家训》是章氏家族的为人准则，太炎先生晚年郑重加以抄录，希望传之于后，世代遵守。《家训》很长，但第一条都是"妄自卑贱，足恭谄笑，为人类中最佣下者"，提出做人要有骨气，要把气节放在第一位，他本人也严格遵守这一条。

太炎先生的书法作品——"全民主权"。
这是他非常重要的作品，也是他非常重要的思想组成部分，所以辛亥革命本质上是资产阶级民主革命，当年他们追求的是主权在民，全民主权，民主共和，而不仅仅是"推翻满清"。

太炎先生篆书《王辅嗣易略例》。

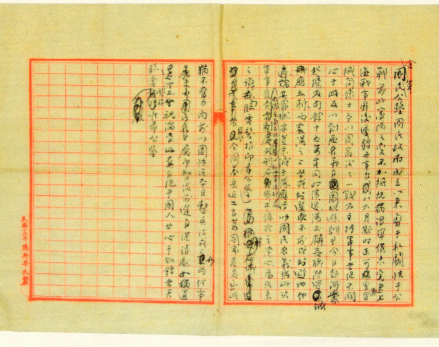

太炎先生《告全国军民电》手稿，主张一致对外抗日。

年轻时的太炎先生。

太炎先生流亡日本时留影。

太炎先生流亡日本时穿和服的照片。他在和服上绣了个"汉"字，意在不忘自己是中国人。

1917 年太炎先生任孙中山广州军政府秘书长时照片。

"章院长肖像"，是他1927 年任上海中国医学院院长及苏州国医专科学校校长时的照片。

太炎先生的二女儿章㛃（左二）、陈训慈（左三）、沙孟海（左四）、章念祖、章念驰在太炎先生墓前（1981年）。

在世后裔祭扫太炎先生墓。右起依次为章明杰（长孙长子）、章念靖（又名彭靖、次孙女）、章念辉（长孙女）、章念驰（次孙）、章念翔（末孙）、陈松伟（章念辉子）。

"子其艰贞"，是太炎先生晚年书写的四个大字，每字大 60 厘米见方。他大书这四个字是尽情抒发了他的情怀，是他自我写照，也是自我勉励。这四个大字太大，所以一直没有装裱陈列，直到 2022 年我们夫妇捐献给余杭章太炎故居，才展出面世。这四个字出自《易经·明夷卦》："明夷，利坚贞。"太炎先生在《印度人之论国粹》一文中解释道："纯德琦行之士，无国无之，而苦行坚贞，隐沦独善者，固中国所长也"。故本书取名"子其艰贞"，以展示他晚年的精神。

我与内人在捐赠文物展。

我的一家在余杭塘河畔章太炎故居大门口合影（2023年）。

内人及子女都支持我的捐赠义举。

章太炎研究中心

顾问(按姓氏音序排列)

陈平原　冯玉宝　傅　杰　姜义华　罗志田　马　勇
桑　兵　王　宁　王　姝　王为松　王兴康　汪荣祖
虞万里　章念驰　章念翔

学术委员会(按姓氏音序排列)

蔡志栋　陈学然　董婧宸　费　杰　江　湄　李智福
林少阳　陆　胤　孟　琢　彭春凌　斯彦莉　王　锐
姚彬彬　张　凯　张昭军　张志强　张仲民　张钰翰
周东华　周展安　朱乐川

工作指导委员会

刘　颖　王　华　温泽远　汤丽玉　倪伟俊
王乐芬　李松涛　邵素萍　孙　瑜　徐娟妹
俞建新　陆春松　章明徕

常务联系人

章明徕　唐立春　费　杰　孟　琢　张钰翰

总　序

　　余杭章太炎先生是中国近代首屈一指的革命家、思想家、学问家,德业文章,世所景仰。太炎先生哲思深湛,接续吾华国故之统绪,洞达小学、经学,为乾嘉汉学之殿军;更承先启后,熔铸西学、佛学之精微。洋洋大观,径行独往,卓然成一家之言。其所试图重构的思想和文化,其所试图重新阐释的中国传统,是有着普遍主义的价值的。它是"国学",却又远远超出"国学"的范畴。我们以为,太炎先生的思想和学术,不仅属于中国,也属于世界。

　　章太炎是故乡余杭的一张"金名片",太炎先生故居、太炎中学、太炎小学、太炎路(街)等都体现了余杭对太炎先生的崇高敬意与深厚感情。长期以来,余杭对太炎先生相关的研究、普及、出版等工作都给予了大力支持。在余杭的支持下,2017 年,《章太炎全集》由上海人民出版社出齐,标志着章太炎研究进入了一个新的阶段。

　　太炎先生嫡孙章念驰先生,多年来持续关注、支持"章学"的出版与研究工作。近年来,他将家藏的大量珍贵文物捐赠给余杭章太炎故居纪念馆,并提出"以捐助研"的新理念,希望进一步推动章太炎相关研究。这一想法得到了余杭区委、余杭区政府、余杭区文广旅体局

1

等单位的大力支持,并由章太炎故居纪念馆负责落实具体事务。

经过一系列筹备工作,在各方的支持与配合下,章氏后裔、余杭区委、余杭区政府、余杭区文广旅体局、余杭章太炎故居纪念馆、上海人民出版社及学术界相关章学研究学者成立章太炎研究中心。中心主编《章太炎研究》集刊,推出以太炎先生及其弟子相关研究为主的"荀汉丛书",定期联合海内外研究机构组织召开章太炎学术研讨会、学术工作坊,希望可以不断推动"章学"研究的拓展与深化,传承并发展太炎先生的学术、思想与精神。

章太炎研究中心

2023 年 10 月

目　录

前　言

论述太炎先生的文章多不胜举，但大多集中在他的早年与中年，对他晚年的论述则少之又少，尤其是这方面的专著，几乎没有。一方面因为太炎先生的《自定年谱》只写到 55 岁，即 1922 年，以后岁月缺乏权威的记载。但更重要的原因，大概与鲁迅先生临终前留下的两篇文稿——《关于太炎先生二三事》《因太炎先生而想起的二三事》——对太炎先生作的盖棺定论有关。人们不敢反对与怀疑鲁迅的权威性与正确性。鲁迅先生高度评价了太炎先生，称他"七被追捕，三入牢狱，而革命之志，终不屈挠者，并世亦无第二人，这才是先哲的精神，后生的楷范"；但对太炎先生晚年也有遗憾，"既离民众，渐入颓唐"，"自藏其锋芒"，"仓皇制《同门录》"，竟没有将鲁迅先生列入门下，给人一种"落伍"印象。又如"参与投壶，接收馈赠，遂每为论者所不满"，但鲁迅先生也说，"这也不过白圭之玷，并非晚节不终"。而 1949 年后，他又被塑造成"半截子革命者"的代表，用来敲打胜利后居功自傲又意志衰退的革命干部，防止再出现李自成或章太炎。这种对胜利后防止革命家落伍的实际需要，对"半截子革命者"的宣传从来没有放松过，作为反面教材的太炎先生的形象也就愈加固化了。因此人们对太炎先生的研究大多停留在前期，加上他后期资料贫乏，尤其 1927 年至 1929 年他又两次遭到南京政府"通缉"，不得不四处藏匿，人们更无从了解他的行踪。正如鲁迅先生所称，"退居于宁静的学者，用自己所手造和别人所帮造的墙，和时代隔绝了"。由此人们也就缺乏对他晚年研究的兴趣，相关研究也相对单薄，造成了人们对他晚年的误解。

一个老人往往会不及年轻时奋勇与激进，这是常态。太炎先生晚年肯定没有早年般奋勇。但评论一个人，应当看他在各个历史时期、在主流问题面前的立场。太炎先生早年反帝、反专制、反皇权，冲锋陷阵；中年反复辟、反割据，维护法统，毫不屈服；晚年面临日寇侵华，反日、反内战，坚定不移：他的民族主义、爱国主义气节是一贯的，他总是站在历史的最前沿。所以"文革"结束后，《人民日报》总结、列举了 82 位中华民族历史上杰出人物，其中就包括太炎先生，[①] 第一次在官方媒体

---

① 《人民日报》特约评论员《爱国主义是建设社会主义的巨大精神力量》，《人民日报》1981 年 3 月 18 日。

上正面肯定了太炎先生的历史地位。随后,《红旗》杂志社和中国历史博物馆编写《中华英杰录》,确定了中华历史上 83 位代表人物为"中华英杰",不再随便否定与歪曲。旧民主主义革命时期只确定了太炎先生与中山先生二人为"中华英杰",作了全面肯定。

太炎先生是鲁迅先生最崇敬的人,鲁迅先生身上留下了太炎先生许许多多的印记,无论思想、性格、文风、为人、喜好……都受到太炎先生的巨大影响。尤其在日本留学时期,他读太炎先生主编的《民报》,跟太炎先生学国学,参加太炎先生组织的"光复会",用稿费将太炎先生从日本扣留所赎出,用稿费为太炎先生印著作……这个时期正是鲁迅思想形成的最重要时期,太炎先生当时系列文章令他神旺、令他模仿、令他追随……他称之为"战斗文章",认为是太炎先生最大的功绩。但太炎先生逝世后,当局虽下"国葬令",却完全抹杀了太炎先生的革命贡献,仅仅将他作为"一代宿儒"加以纪念;太炎先生和弟子编纂《章氏丛书》正续编,又刊落了早年的"战斗文章"。这一切让鲁迅感到愤慨,他既要为先师"辩诬",又要批评太炎先生不该太忠厚而"自藏锋芒",但他也无意要刻画太炎先生的保守落后,只是有点惋惜。鲁迅的这两篇文章主要表达了他有志继续举起太炎先生革命的旗帜,成为当代的太炎,将革命进行到底!

　　对于如何界定太炎先生的晚年，大家认识标准是不一的，我则把太炎先生最后五年定为晚年，即结束漂泊、定居苏州、办学办刊、教书育人、坚定抗日……的岁月，即相对安定得享天伦之乐的五年——他毕竟也是人，况且这也是他一生中非常精彩和成果迭出的岁月。我作为他的后裔，也年逾八旬，实在有责任来弥补这一缺憾。过去数十年间，我在编《章太炎全集》过程中，研究和梳理了他的一生，出了多部关于太炎先生的专著，等于完成了其中许多章节，奠定了我完成有关他的晚年一著的基础，得以从容从他北上见张、吴中讲学、迁居苏州、讲学办刊、晚年生活、参与抗战、晚年学术、身后哀荣、晚年评价等九个方面，加以详尽阐述，以弥补"章学"研究的一个薄弱环节，也为人们进一步研究提供了参照。

　　很多名人之后都不约而同以为先人论述为志，我也乐此不疲，尤其在疫情中，迫使我将难熬的日子变成有意义的光阴，也兑现了我祖母的嘱托，要尽"后死之责"！当我写完《前言》，终于长长吐了一口气，至于知我罪我，交给读者吧！

　　至于这部书的书名，我以先祖父自己的书件"子其艰贞"四个字作为书名。这是他晚年所写，是我见过他书写的最大的书件，每字达60多厘米见方。这四个字取自《周易·明夷卦》"明夷，利艰贞"，充分抒发了他内心某种情怀，勉励自己要艰贞不屈，这是他一生的写照。这幅巨作此前一直收藏在家中，去年我将它和一些文物一起捐赠给先祖父故居——余杭仓前章太炎故居纪念馆。这批文物共十大类五十一件，包括未刊著述、书件、印章、文房用具、扇面画作，等等，都带着他的余温，回归故里；我希望能够助力家乡的发展，鼓励收藏与研究——一个没有收藏与研究的全国文保单位是可憾的。我也生活在商品社会，不是不知一定要有点钱，但我又不想把这些珍贵的文物变现，而想用得到的奖励去完成自己的一个心愿，即繁荣学术，弘扬"章学"！

拙作仍由上海人民出版社出版，这是我的福愿。从出版先祖父全集到出版《我的祖父章太炎》《我所知道的祖父章太炎》《后死之责——祖父章太炎与我》等，以及选编《章太炎生平与学术》等，我和上海人民出版社建立了深厚情谊。上海人民出版社也已成为"章学"研究出版的重镇，占领了这座文化高地，团结了一大批学术精英——我也深受恩惠。这也许是我最后的著述，毕竟八十多岁了，过了今天不知明天，这也就是人生，"生者为过客，死者为归人"。在有生之年能多留下点文字，就多留一点。我又一次受到了张钰翰的鼓励与支持，我们合作多年，他建议我多放一点图片，使图文并茂，便于读者更了解太炎先生——他毕竟作古九十多年了——所以我尽量多提供他晚年及弟子的图像。说实话，人每一个进步，每一个成就，都离不开众人襄助，所以要感谢的人实在是太多了，在此免俗，恕不一一罗列！

最后，我希望拙作有补于史，有助读者开卷有益！

章念驰

写于 2023 年 4 月 8 日佳信园

第一章

序曲

xù qū

1931 年"九一八"事变的硝烟未散，日寇又到处寻衅滋事。1932 年，上海淞沪爆发了"一·二八"事变。日寇蓄意挑起事端，有备而来。长江吴淞口外战火密布，日军云集军舰 16 艘，海军陆战队 1.5 万人，分三路突袭上海闸北。中日双方尽出精锐部队，日方约 9 万，中方不足 5 万，激战三十余天，日方伤亡 10254 人，中方伤亡 14104 人。这是中国军人与日军第一次正面较量，十九路军打出了中国人的气概。

　　2 月 23 日，战火正酣，长江口炮火不停，一艘四川轮号轮船冒着纷飞的炮火，冲出江口，急驶青岛——这时由上海北上的交通全部瘫痪，唯有水路可以冒险北上。这艘船上坐了一位六十多岁的文弱老人，他就是民国元老章太炎先生。他迫不及待北上，想要去见"有实力"的张学良、吴佩孚等，尽他最后的能力，呼唤他们出兵抗日。太炎先生在民国初年曾被袁世凯委任为"东三省筹边使"，即开发东三省的"最高长官"，所以与张作霖有旧交，以后张学良也多次向他请益，自认晚侄。袁世凯倒台后，太炎先生担任过孙中山广州军政府秘书长、川滇黔靖国军总参议，与各地军阀都有接触，所以他想用他最后一点点影响力，促进全面抗日。这是他政治上最后一搏。

船开出了吴淞口，到青岛后又乘火车到济南，又换车到天津，一路颠簸，风尘仆仆，到 29 日，太炎先生终于抵达北京，宿城南花园饭店。

张学良得知太炎先生抵京就去看他，太炎先生学生刘文典说："张学良见他的时候，我在楼下龚镇鹏的房里（太炎先生去北京是龚镇鹏陪伴去的。龚是武昌起义的关键人物，是他开了起义的第一炮，人称'龚大炮'，他的女儿是龚澎，乔冠华夫人，著名的外交家与记者），听见他大声疾呼，声震屋瓦，那种激昂慷慨的声音，至今还留在我耳朵里。"[①]张学良无奈地说出了真相，据说还拿出了蒋介石"不抵抗"的手谕。太炎先生感到无可奈何了。太炎先生也去见了吴佩孚。据任启至回忆说："一日先生在吴佩孚宅中高谈抗日，前教科文卫总长东北人刘哲在座，吴问刘奉军人数，刘答二十余万。吴曰；曹操下江南号称八十万，周瑜以五万破敌，今奉军尚多，何以

① 刘文典《回忆章太炎先生》，《文汇报》1957 年 4 月 13 日。

不敢抗战？刘大怒曰：此是《三国演义》所说之争，与今日时代不同！拂衣而去。先生见事无可为，遂返沪不谈国事，决心讲学。"① 北京之行，太炎先生本希望依靠"有势力"的人，再现当年合纵联横，但现实让他完全失望了，他意识到政治舞台上再也没有他的空间了。于是决心将最后岁月用于讲学，用他最最擅长的国学，来挽救民族文化于一线。

在北京，他应弟子和各大院校邀请，作了系列学术报告：3 月 24 日在燕京大学讲《论今日切要之学》、3 月 31 日在北平师范大学讲《清代学术之系统》，4 月在北京大学国学研究所连续三天，讲《广论语骈枝》……5 月 29 日经青岛返沪，在青岛大学讲《行己有耻，博学于文》。

此后便进入了他真正的晚年。

① 　任启至《章太炎先生晚年在苏州讲学始末》，《文史资料选辑》第 94 辑，1962 年。

第二章

吴中讲学

1927 年，北伐成功，国民党定都南京，成立了国民政府。一些失意的政客与文人，寄居宁静舒适的苏州，在吴中（苏州无锡统称）地区聚众念诗读经。他们中有北洋政府秘书长张一麐、代总理兼陆军总长李根源、南社诗人金天翮、同光派诗人陈衍……他们拟成立"国学会"，邀请太炎先生前来讲学。《苏州明报》1932 年 8 月 2 日，率先刊登报道《万流景仰之章太炎将来苏讲学》：

> 我苏又为文化荟萃之区，自明迄今，儒林之苑，史不绝书，发扬国粹，为国家多留几个读书种子，亦当今亟务也。爰组织一学团，约八月十日前后，章先生即可到苏州讲学，有志国故者，幸勿失良机云云。

这一切正合太炎先生心意，他说：

1932 年老友李根源等频繁邀请太炎先生赴苏州讲学。图中右为李根源先生，左为刘成禺先生。

太炎先生与苏州诸友好合影（1933 年）。前排左起第四位为太炎先生。

其秋，苏州有请讲学者。其地盖范文正、顾宁人之所生产也，今虽学不如古，士大夫犹循礼教，愈于他俗。……昔范公始以名节厉俗，顾先生亦举"行己有耻"为士行准。……于是范以四经而表以二贤。四经者，谓《孝经》《大学》《儒行》《丧服》；二贤者，则范、顾二公。

9月6日，太炎先生欣然前往苏州讲学，吴中诸公于沧浪亭为他开了盛大欢迎会，尔后他在县图书馆、苏州中学等地，先后讲了《经义与治事》《大学大义》《儒行大义》《文章流别》《儒行要旨》等，将近一个月。《苏州明报》9月21日报道：

太炎先生来吴讲学，俊秀之士求附门墙者，有廿余人之多，经李印泉、金松岑二先生介绍，于日前执贽章氏门下者，有武进徐震、诸祖耿，金坛吴契宁，镇江戴增元，吴县王謇、金震、傅朝俊、郑伟业等八人。

这些学子后大多成了太炎先生晚年弟子，还有苏州人潘景郑、沈延国、王乘六等，他们中间有大学教员和中学教员，原是金松岑、李根源弟子，后入章门。

1932—1933 年，太炎先生应无锡国学专修学校邀请多次赴该校为全体师生讲学。图为欢迎太炎先生与李根源先生集体合影。前排戴帽者为太炎先生。

　　1933 年 3 月 5 日，太炎先生抵吴，6 日起在公园图书馆连续讲学五天。3 月 11 日，在苏州国学会讲《中国历代之兴亡》，"听者拥挤，后至者几不能插足。先生首将历代兴亡，叙述大概，次将晋、宋、明三代之亡，详为论比，盖此三代皆亡于外族者也"（《国学会挽留朴学师》，《苏州明报》1933 年 3 月 12 日）。由于国学会全体挽留，他再续讲一天，讲明、清两代之社会环境，详为比较论次"（同上）。3 月 13 日，他由苏州赴无锡讲学，于 14 日在无锡国专讲《国学之统宗》，15 日在江苏省立无锡师范学校讲《历史之重要》及《春秋三传之起源及其得失》。3 月 16 日，又回到苏州继续讲演，"先讲诸子

流别与比较，议论宏深"。17 日"下午四时，拟讲《文学体例》"(《章太炎今日讲文学体例》，《苏州明报》1933年3月17日）。4月18日，太炎先生再赴苏州，在十全街曲石精庐讲自己的治学经历，由诸祖耿记录，是为《记本师章公自述治学之功夫及志向》。

是年秋天，太炎先生又赴苏州讲学。10月12日，"偕弟子王颂平、姜亮夫、徐沄秋、贝仲珩等来苏，下榻沧浪亭美专新舍，由李根源、金松岑、颜文樑等接待"，"每日下午四时，在公园图书馆国学会讲学数天"(《章太炎等来苏州讲学》，《苏州明报》1933年10月13日）。10月16日，"太炎先生与唐文治在公园图书馆举行国学演讲，苏炳文、费仲深、李根源、金天翮、张一麐、郭竹书等举行公宴"。在此期间，所讲有《民国光复》《儒家之利病》等，以及《论无韵之文》《九流之比较》《明清之际略论》《十六国略论》《周易概说》《论汉宋学可否和会》《汉学之利弊》《中国历代兴亡之关系》，以上八篇演讲均由诸祖耿、王乘六记录，但均未公之于众。10月22日，太炎先生应唐文治之邀，赴无锡国专讲《适宜于今日之理学》《中国人种之起源》。23日返苏。24日起，"下午四时，仍在吴县图书馆讲学"。

1934年春3月26日，"应苏州诸弟子之请"，太炎先生于"午后五时，乘特别快车"抵苏，"至十全街李宅小憩"。3月28日，与李根源、程潜等欢聚，原拟讲《读古书之法》，因大雪被劝止，改于29日下午演讲，讲题为《读史与国家之关系》，"以资唤起学子之注意，兴废继绝，谆谆不倦，足证章氏关心国运焉"，"听者拥挤，立者无数"。3月30日，章夫人携子赴苏，而次日太炎先生"下午四时，仍在公园图书馆继续讲演"。（见《苏州明报》3月27日、28日、30日、31日）

传承国学，是太炎先生最擅长的，作为国学大师，他是当之无愧的。梁启超以之为清学正统派的殿军，胡适称他的"古文学是五十年来的第一作家"，"替古文学做一个很光荣的下场"。太炎先生要把自己知道的知识传承下去，假如国有不测，亡于日寇之手，但只要历史与国学还留在人们心中，总有复国之日，如果历史与文化都亡了，这才叫真正的亡国亡种。他恨自己不能去战场，他知道政治舞台没有了他的空间，但他可以通过讲学，用文化救国。这种心情是凄壮的。有人是这样描绘他的讲学的：

　　他带着金丝眼镜，这与硕大的鼻子，稀疏的髭须，情调是很合宜的；但抽着纸烟，却破坏风格的一致性，假如他吸水烟筒的话，其姿态是更动人的。

　　他坐在藤椅上，一面吸烟，一面低声的演讲。低声没问题，因为听众很少；只是满口土话，我们一点都听不懂。好在他讲完一段，那胡子大汉，便在黑板上将大意写出，我们才知道今天所讲的，不是国学，而是革命的，因为明天是双十节。他是革命的前辈，在野的文人，他的讲述，自然比明天的"国庆纪念感言"之类的文章，来得切实。但静听下去，只听得哦哦的响，不知说些什么。在外飘流许多年，不曾听过这样的言语。只得放弃听讲的念头，专注视黑板上的白字；文义不明，自己便加以推想。其他听众，似都采取同样的办法。……他不知道自己的土话，人家不能了解，而好以眼光，追寻听讲人的颜色。尤使我难过的，是他音尾后的笑。这笑不是演讲材料的好笑，而是社会的笑，沟通听众情意的笑。……这笑并没有丝毫的同情与敬意。我看了难堪，而章先生安然自在。他是狂傲的人，一切是自私的，以自己为中心的。在演讲台上，他将听众幻成一种意象，以为这意象是他的获得，他的生命之某种关联；而这意象是陌生的，于是以眼光，以笑脸，去粘住它，把它位置在某种精神生活上。这里，我仿佛看见章先生心灵的凄独。（乃蒙《章太炎的讲学》，1936 年 8 月《宇宙风》第 22 期）

太炎先生终于找到了他晚年的位置——讲学，而姑苏无疑是他不二的选择。吴中风俗淳美，还有这么多热爱传统文化的学子，于是他产生了定居苏州之意，结束漂泊，买个房，建个学堂，办个杂志，以终天年。

1934 年 7 月，太炎先生正式迁居苏州。7 月 26 日《苏州明报》报道："24 日，（章）寓所被窃，报请公安局查缉。"可见迁居应该在此之前。同年，太炎先生创办章氏国学讲习会，此后则较少零星讲学，而以"章氏国学讲习会"名义，开展系统讲学。

第三章

迁居苏州

一、觅房

太炎先生经历 1927 年及 1929 年国民党当局的"通缉",被迫与社会隔绝。上海是他的伤心地,他在上海投入革命,坐牢,受到万人空巷地欢迎,又遭到围攻、嘲弄……他深感在上海"湫居市井,终日与贩夫为伍者",非常不满,想离开这是非之地。在上海,他始终没有置过房产,不断迁居,所以他也想有个安定窝,以度晚年。在苏州的讲学,更使他产生了迁居苏州之念,于是托他"盟友"李根源先生代为觅住处。

国民党当局对他迁居苏州之举是窃窃暗喜的,他们对太炎先生在上海动辄与马相伯、沈恩孚等大老发表"二老宣言""三老宣言"……感到头痛,于是把马相伯聘为"国务委员",圈到南京;又想聘太炎先生为"国史馆长",也圈到南京,以减少他们在上海大都市的影响力,为太炎先生所拒绝。如今太炎先生要迁居苏州,正合他们的心意,于是这一切便顺利推进了。

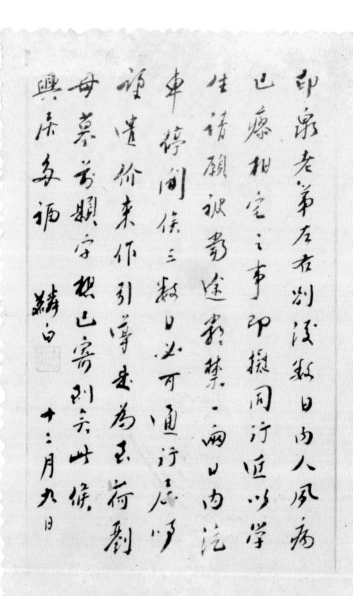

太炎先生给李根源的信，涉及去苏州觅房。

二、迁居

李根源找了葑门附近侍其巷 18 号一幢旧宅，离开十全街李家倒并不很远。他们陪太炎先生去看房，太炎先生一看院中草木茂盛，有两棵大树，大呼"一木可得，古树难求"，连连叫好。又见院中有亭一个，又呼"有亭，难得"！又见房屋宽大，又呼"甚好，甚好"，马上给此宅取名"双木草堂"，洋洋得意。一问价格三万元，他竟一分钱也不还，就被哄得买了下来。汤夫人知道后赶到苏州，看到房屋可利用面积不多，而且隔墙就是一个纺织厂，终日机器喧闹，轧轧声妨碍做学问，何况价钱高出了市价一倍……但已买下，无法反悔，太炎先生只好悻悻认错。于是汤夫人决心重觅住处。

恰好此时，锦帆路有一处新式楼房完工——这是一位实业家订造的——前后两幢，又相互联接，中间有个小花园，后楼后面也有个小花园，一切是崭新的，时髦的。而房主适要离吴，正想转让，只想收回建造成本二万七千元。太炎先生夫妇一看便购买了下来，一切是这么顺乎天意。稍加装饰后，他们于 1934 年正式入住了。这就成了太炎先生真正的家！即锦帆路 50 号。

锦帆路，原是一条泾，又叫锦帆泾，是一条环绕了吴王宫殿的河道，供达官张帆游玩。这地方又叫王废基，

第一幢楼现貌，三楼被扩建。二楼左为伸展的藏书楼。门前为门房。

即吴王废弃的宫殿旧址。我家前面这条路叫饮马桥，或说即众达官上朝下马之处，马在此休息饮水，故而得名。我们家园丁在挖土时，曾发现土下均铺满大青石，是吴王宫殿旧址；他们也还挖到过金器。

锦帆路这两幢楼是三开间的二层楼房，前楼为太炎先生居住，他住二楼东房，中间是会客厅，西房是他书房，旁边开了扇门，可以通往隔壁的"藏书楼"。"藏书楼"是后盖的，藏书达十万册，所以太炎先生也算吴中藏书家之一了。楼下东西房用途不详，中间为会客厅。前后楼之间靠西有条通道，可达后楼。后楼结构与前楼相似，但靠西多了个"塔楼"，即三层楼的一个小"瞭望"间。这在当时一片平房的姑苏城，是很少见的"高楼"了。站在"塔楼"可以极目周边一切，还可看到远山，现在则完全被各种建筑挡住了。章夫人带着两个儿子住在后楼。

太炎先生的入室弟子沈延国先生也是苏州人，在他回忆录中是这样回忆锦帆路住宅的：

在文化古城——苏州——公园南端，锦帆路上，两旁古老的杨柳，随着微风飘动，间或有一辆汽车缓缓地驰过外，终岁宁静，人们徜徉其间，感觉到幽闲深远。不数步，呈现一排短短的矮墙，大门终日开着，上面有紫藤垂下，两旁悬挂一手苍老的王字招牌："章氏国学讲习会"和"制言半月刊社"。没有门房，亦没有门警，显示出一种自由的气氛。里面有悠悠深思的青年讨论着《尧典》的真伪，《左传》《周官》等问题，或古声韵上的发明，这就是声闻远布、研究历史语言最高学府了。在学府后，矗立着两幢洋房，最前一幢，就是先生的起居之所。走进会客室时，圆桌旁常围着许多拜访的人们，其中显出庄严、端肃，满口余杭官话、吸纸烟不离口的，这就是革命战斗的勇士，也是国学大师——太

炎先生了。(沈延国《记章太炎先生》,永祥印书馆,
1946 年)

关于锦帆路太炎先生居住地比较详尽的记载,还有
他的弟子汤炳正先生的回忆:

> 记得,我第一次晋谒先生,是由师母引路。学
> 舍距先生书楼只一墙相隔,中有小门通行。入小门,
> 为一不大的幽静庭院,花木扶疏。小楼二层,建构
> 曲折多姿。小楼的过道壁上,高挂一张巨大的鳄鱼
> 皮。客厅陈设简朴,只悬有何绍基对联一副。而给
> 我印象最深的是,在壁的高处挂有邹容像一幅,前
> 设横板如长几状,几上有香炉。据说每月初一、
> 十五,先生必沐手供香一次,故这时香灰已满出炉
> 外。先生对共患难的战友,其感情之真挚有如此者。
> (汤炳正《忆太炎先生》,《中国文化》第 8 期,1993
> 年 6 月)

很多小报常揶揄太炎先生穷、疯、傻,把他描绘成
落后的代名词,冬烘的旧学旧时代的代表人物,这里夹
杂着无知与仇视的复杂因素。所以人们一直以为他是很
穷的,怎么买得起二幢房呢?太炎先生早年投身革命,

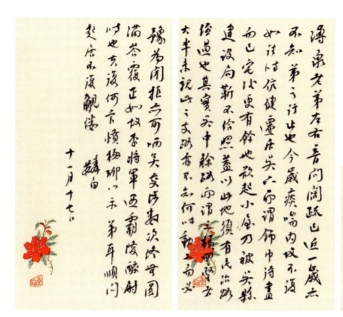

太炎先生给张继的信。

在流亡日本期间，日本当局给孙中山数万元"礼送"出境，孙中山留二千元给太炎先生办《民报》，祖父买不起菜，只好以盐代菜，三年衣被无法替换，这真是穷。还有的革命者穷得投海自尽。辛亥革命胜利后，太炎先生也没有做官，也没有置地开厂，也没有正式工作，长年漂泊，确实不是有钱人，但毕竟生活逐渐安定，他终生以卖文卖字为活，收入渐丰。

当时社会人们家中时兴挂名人字画，做寿要请名人作个"寿序"，去世要请名人作个"墓志铭"，或者请人作个对联、写幅中堂……都是要花钱的。祖父卖字卖文都是公开的，在报上都登有"书例"。书法家又分三等，他与于右任同为一等，价格自然不菲。写个对联，起码三五十元；作篇墓志铭或墓志，人家通常送他一千到二千元。但他又不是来者不拒，有的人口碑不好，给他万元他也不肯落笔，而黎元洪去世，他出于友谊作鸿篇碑文，分文不取；《申报》老板史量才被蒋介石暗杀，他毫不畏惧，为他写了洋洋洒洒的墓志铭，也分文不收。他为上海闻人杜月笙高桥祠堂落成写了篇《记》，收了万元笔润，因为他觉得杜有侠气，未尝没有做过好事，而不是一切为了钱。他的学生从黄侃、钱玄同、朱希祖……到鲁迅，作为名教授名作家，每月三四百银元是都有的，并不穷。以朱希祖为例，他作为北大史学系主任，买的住宅竟有三四十间，屋子非常大，作了自己的藏书处。当然一般的人，穷多富少，当个小学教师月俸仅五块银元，不过一家倒也不会受饿。

太炎先生一生给人写的寿序、墓志铭、寿联、墓表、赞……真还不少，人们以请"国学大师"赐文为荣。加上他发表的众多文章、著作、演讲……等等，渐渐收入丰厚了，所以有能力购置这二处房产了。

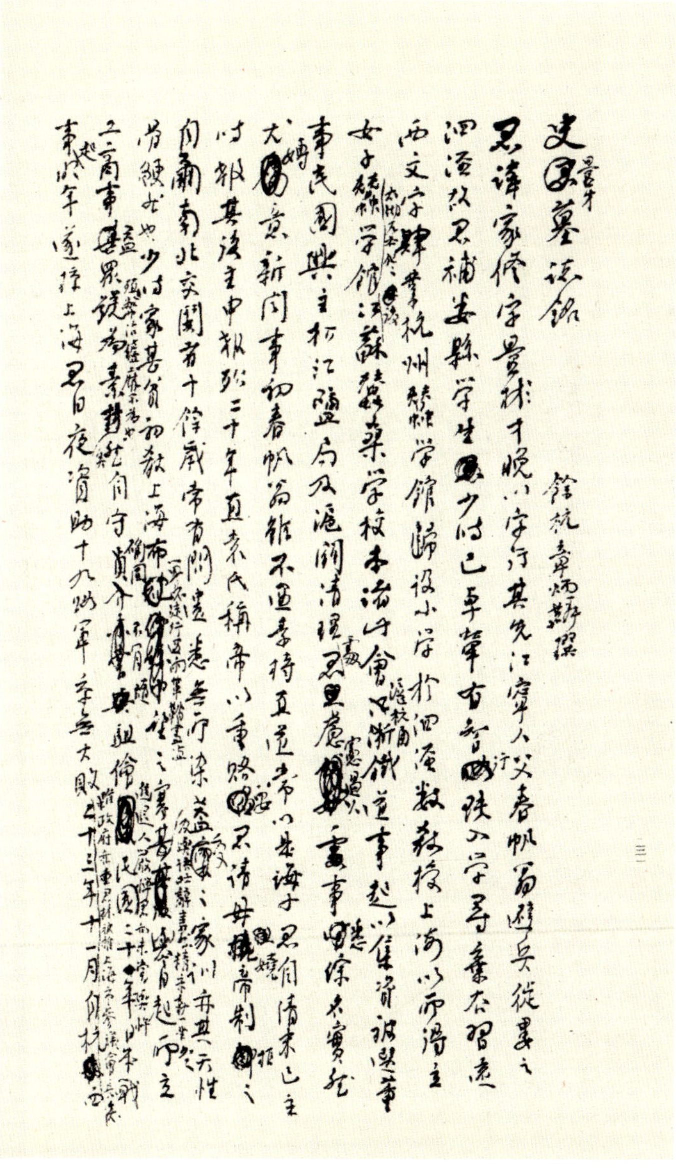

太炎先生《史量才墓志铭》手稿（一）。

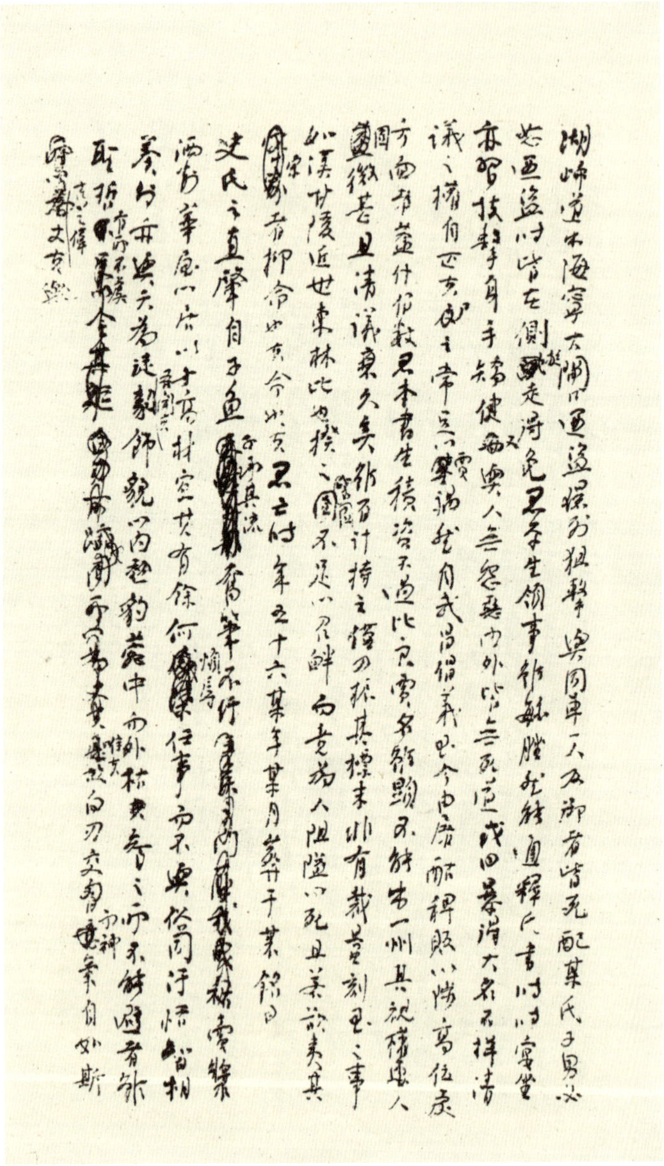

太炎先生《史量才墓志铭》手稿（二）。

第四章

讲学办刊

Jiang xue ban kan

一、办了"章氏国学讲习会"

到了苏州以后，太炎先生决定第四次聚众讲学，重建"章氏国学讲习会"，于是在锦帆路后楼空地上，再购进十亩地，造了一幢十开间的二层楼房，作为讲习会的课堂、食堂、宿舍、办公室等，招收学员七十多名。又开办了预习班，收了五十多名学生，则在待其巷的"双木草堂"授课与住宿。同时开办了研究生班，收了七个研究生。还举办星期讲习班，欢迎市民前来听讲，先后举办了九次讲座，受到老少欢迎，轰动一时。

太炎先生重返讲坛，每周讲课三次，每次二小时，参与讲课的还有朱希祖、汪东、孙世扬、诸祖耿、王謇、王乘六、潘承弼、王仲荦、汪柏年、马宗芗、黄绍兰、马宗霍、金毓黻、潘重规、黄焯等，都是他晚年的弟子，还有老友王小徐（季同）、蒋维乔、沈瓞民以及钱基博等早年弟子，来作特别讲座。这在当时都属第一流师资。汤夫人则任教务长，总管一切。

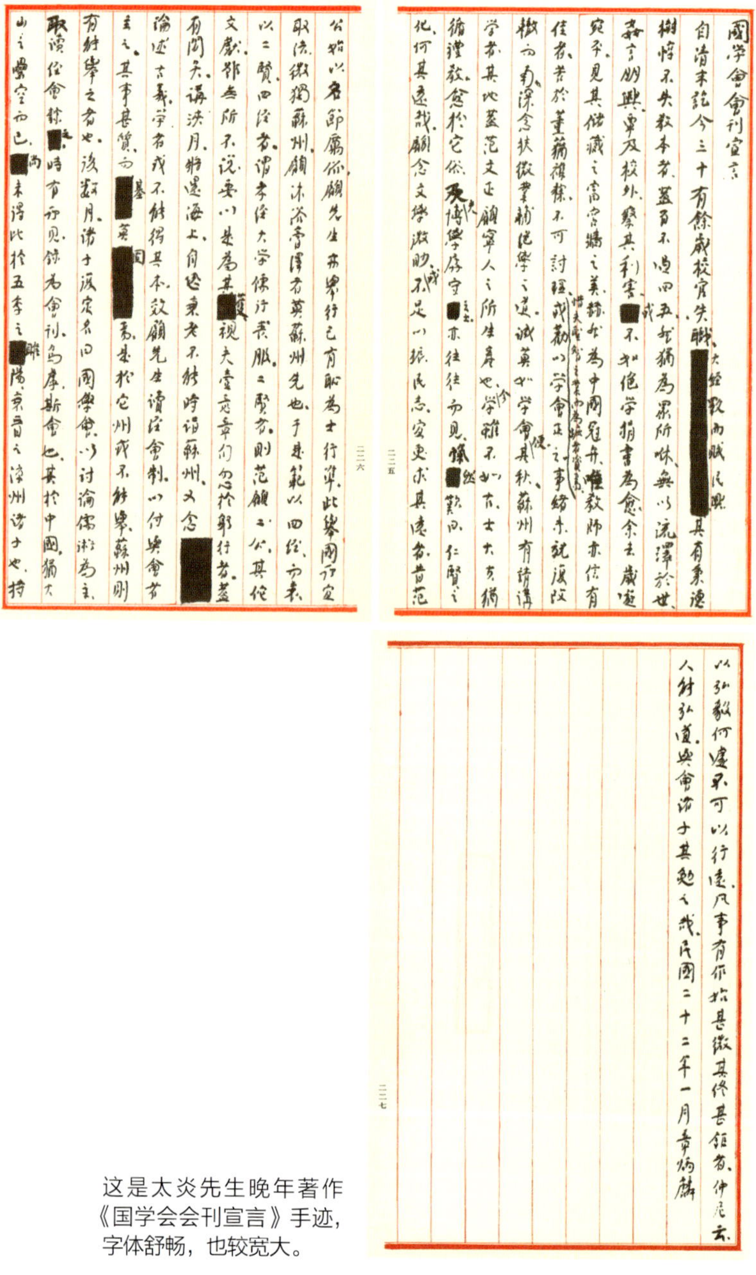

这是太炎先生晚年著作《国学会会刊宣言》手迹，字体舒畅，也较宽大。

讲习会得到很多社会名流赞助，如张学良、段祺瑞、宋哲元、马相伯、吴佩孚、李根源、冯玉祥、陈陶遗、黄炎培、蒋维乔等。太炎先生老友丁惟汾，受"中央"委托前来看望他，临别在桌上留下一信，信中有一万元支票一张，作为慰问金。太炎先生立即登报声明，移作讲习会资金，个人分文不受。所以讲习会的学员概不用支付学杂费，这也是近代中国免费教学的第一家高等书院。

从 1934 年春"章氏国学讲习会"成立，直到 1934 年 9 月正式建成开学，在这期间举办了"章氏国学讲习会""星期讲习会"，共举办九次。关于讲习会情况，张昭军先生在他的《国学讲演与历史现场》一文中，有较为详尽的记述，[①] 此不赘述，转录如下：

> 从 1935 年 4 月到 9 月，章太炎在章氏星期讲演会共讲九期，由王謇、吴契宁等人记录，即行刊出六期，目次为《说文解字序》《白话与文言之关系》《论读经有利而无弊》《论经史实录不应无故怀疑》《再释读经之异议》《论经史儒之分合》，后来刊出三期，分别为《论读史之利益》《略论读史之法》《文学略说》。
>
> 除星期讲演会外，章太炎还利用间隙组织读书

---

① 章太炎著，张昭军编《章太炎讲国学》导读，东方出版社，2007 年。

会，"集弟子于一室，逐章逐句，扎扎实实，通读全书"。[①] 该年夏天，他举办章氏暑期讲习会，讲稿有两种：一是《孝经讲义》，二是《吕氏春秋孝行览与孝经之关系》，均未刊。

8月27日，江苏吴县举行孔子纪念会，章太炎应邀发表演讲，《时事新报》以"章太炎阐扬孔子学说，在吴县孔诞纪念会演讲"为题，登有演说辞。演讲主旨在于提倡儒家道德，倡导"行己有耻""见危授命""内中国外夷狄"等与民族主义相关的思想学说："今日国难当头，尊重孔子，犹为当务之急。纪念孔子，必须以自己身体当孔子看，又须将中华民族当孔子看。如此纪念，方得纪念之道也。"[②] 显然，这与复古论者，音调不同。

9月16日，章氏国学讲习会新学舍落成，正式开讲。兹将《章氏国学讲习会章程》转录如下：[③]

一、定名：本会为章太炎先生讲演国学而集合，又其经费由章先生负责筹集，故定名章氏国学讲习会。

二、宗旨：本会以研究固有文化，造就国学人才为宗旨。

---

① 沈延国《章太炎先生在苏州》，《苏州文史资料选辑》第12期。
② 《时事新报》1935年8月31日。
③ 见《制言半月刊》第2期封底。

章氏国学讲习会成立后，培养的第一批学员与研究生（部分）。

三、学程：讲习期限二年，分四期，学程如左：

第一期　小学略说　经学略说　史学略说　诸子略说　文学略说

第二期　《说文》《音学五书》《诗经》《书经》《通鉴纪事本末》《荀子》《韩非子》《经传释词》

第三期　《说文》《尔雅》《三礼》《通鉴纪事本末》《老子》《庄子》《金石例》

第四期　《说文》《易经》《春秋》《通鉴纪事本末》《墨子》《吕氏春秋》《文心雕龙》

四、程度：凡有国学常识，文理通顺，有志深造者，无论男女，均可报名听讲。

附则：有志向学，而对于上定科目，修习感觉困难者，得设法为之预备。

章氏国学讲习会发起人朱希祖、钱玄同、黄侃、汪东、吴承仕、潘承弼等一批学生，赞助人有段祺瑞、宋哲元、马相伯、吴佩孚、李根源、冯玉祥、陈陶遗、黄炎培、蒋维乔等。章氏国学讲习会的授课教师，除章太炎本人主讲外，还有朱希祖、汪东、孙世扬、诸祖耿、王謇、王乘六、潘承弼、王牛、汪柏年、马宗芗、王绍兰、马宗霍、沈延国、金毓黻、潘重规、黄焯等。此外，章太炎还为老友王小徐、蒋维乔、沈瓞民等增设特别讲演。会务由章夫人、孙世扬总其事。

学会规定学员由各省市文化机关团体保送，并指定作论文一篇，经审查合格后发给听讲证，即可报到入学。章氏国学讲习会初设，"各地学子，纷纷负笈来苏。据学会中统计，学员年龄最高的，为七十三岁，最幼的，为十八岁。有曾任大学讲师、中学国文教师的，以大学专科学生占大多数，籍贯有十九省之不同"。① "除苏地以外，沪、杭、宁诸地学者，咸来听讲。……听者近五百人，济济一堂，连窗外走廊等地，挤满了人。各省来学者，寄宿学

---

① 沈延国《记章太炎先生》，永祥印书馆，1946年。

内者，有一百余人，盛况空前。"① 由于学员程度参差不齐，章太炎还采取因材施教的办法，进行分班，把金德建、汤炳正、姚豫泰等成绩优秀者录为研究生，另行授课。后来又增设预备班，招收高中毕业或相当程度、修习感觉困难者。预备班设在侍其巷章氏双树草堂内，王乘六任训育主任，徐复任总力主任，孙世扬，诸祖耿、汤炳正、金德建等任讲师。

　　章太炎主讲，"周凡三次，连堂二小时，不稍止。复听人质疑，时间不够，约日至私室，恣意论学"。② 沈延国回忆，"每星期二，先生躬亲讲席，宣扬胜义。对于'经学''史学''子学''文学'，作有系统的讲述，最后教授《尚书》，句句精审"。③ 汤炳正在道及章太炎学术成就时说："先生早年对经学的贡献，主要在《左传》；而晚年对经学的贡献，则主要在《尚书》。晚年除写有《太史公古文尚书说》《古文尚书拾遗》等论著外，在给我们讲授《尚书》时，没有教学笔记，展卷发挥，新义迭出，零金碎玉，俯拾而是。有时妙语解颐，有时奇论惊人。往往因

---

① 沈延国《章太炎先生在苏州》，《苏州文史资料选辑》第 12 期，1984 年 9 月。

② 钱鼎澄《追忆章太炎师主办"苏州国学讲习会"》，《追忆章太炎》，第 474 页。

③ 沈延国《记章太炎先生》，永祥印书馆，1946 年。

一字之突破，顿改古史面貌。"[1]

太炎授课往往带香烟一听、火柴一盒。到场时，即有人员招待并喊："章先生到。"众皆起立，表示敬意。生徒大衫长褂，雍雍穆穆，大有洙泗气象。凡太炎讲课，学生皆有笔录，课后即互相对校，或查引原书。北方学生到苏州后，由于"先生讲话完全余杭土音，且素患鼻疾，鼻息不通，读字又用古音，听课时几若木鸡呆立。华北学生皆具同感。迨相处日久，查对同学笔记，渐亦明了"[2]。

当时，应全国学术界的要求，每一门课讲毕，将听讲记录编校成册，刊印发行。章太炎1935年下半年在章氏国学会所作讲学，由弟子王乘六、诸祖耿记录，编入《章氏国学讲习会讲演记录》，有《小学略说》上下、《经学略说》上下、《史学略说》上下，《诸子略说》上下。（按：还有《文学略说》。）

太炎先生再办"章氏国学讲习会"，得到这么多社会

---

[1] 汤炳正《忆太炎先生》，《中国文化》第 8 期，1993 年 6 月。

[2] 任启圣《章太炎先生晚年在苏州讲学始末》，《追忆章太炎》，第 449—450 页。

人士祝贺。马相伯撰文为贺，称："值风雨如晦之秋，究乾坤演进之道，体仁以长，嘉会为群，网罗百家，钻研六艺，纲纪礼本，冠冕人伦。行见郑公乡里，蛮触不知；董子帐帷，贤良多策。欣斯盛举，乐我遐龄。"日本友人吉川幸次郎称："太炎先生海内宗匠，横舍始构，群贤翕然，方领矩步，优游其中。所谓'他州或未能举，苏州则有能举之'，非虚喻也。"

章氏国学讲习会出版的讲演记录本（部分）。

二、创办《制言》杂志

太炎先生一生有两大爱好，一是办国学讲习会聚众讲学，培养学子，传承文化；二是办报办杂志，传播文化。早年主笔《时务报》，主编《经世报》，总撰述《实学报》，总主笔《译书公会报》，主笔《苏报》，中年主编《民报》，晚年又创办《华国月刊》和《制言》半月刊。这是太炎先生最钟爱的二件事，在晚年他终于得偿所愿。关于《制言》杂志创办始末，他的弟子——也是《制言》参与人——沈延国先生《制言社始末记》有云：

章氏国学讲习会部分师生合影，前排右二系汤国梨夫人，时任教务长。

一九三五年，章氏国学讲习会在苏州再办，制言社同年筹设，九月十六日《制言半月刊》第一期发行，先生于第一期首，撰《发行宣言》：

今国学所以不振者三：一曰，毗陵之学，反对古文传记也；二曰，南海康氏之徒，以史书为帐簿也；三曰，新学之徒，以一切旧簿为不足观也。有是三者，祸几于秦皇焚书矣。

其间颇有说《老》《庄》，理《墨辨》者，大抵口耳剽窃，不得其本。盖昔人之治诸子，皆先明群经史传，而后为之；今则异是，皮之不存，毛将焉附耶？其次或以笔记小说为功，此非遍治群书，及明于近代掌故者，固弗能为。今之言是者，岂徒于梦溪、鄱阳远不相及，如陆务观、岳倦翁辈，盖犹未能仿佛其一二也。此则言之未有益，不言未有损也。

余自民国二十一年返自旧都，如当世无可为，讲学吴中三年矣。始曰国学会，顷更冠以章氏之号，以地址有异，且所招集与会者，所从来亦不同也。言有不尽，更与同志作杂志以宣之，命曰《制言》，窃取曾子"制言"之义。先是集国学会时，余未尝别作文字，今为《制言》，稍以翼讲学之缺。曾子云："博学而孱守之。"博学则吾岂敢，孱守则庶几与诸子共勉焉。章炳麟。（又见《太炎文录续编》）

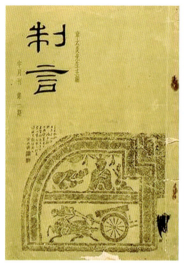
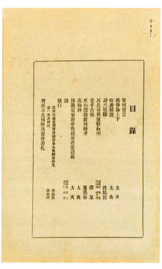

《制言》第一期及发刊宣言手迹。

太炎先生创办的学术刊物——《制言》半月刊，先后出版六十二期，保存了大量传统文化的著作。

1939 年 6 月，章氏国学讲习会师生举行三周年公祭活动。第一排中间者系章奇，最后一排右一系汤国梨。

《制言》编印六十三期，每期刊载先生撰述书札。如以先生名义撰文，未刊入《制言》，又未收入《太炎文录续编》者，除零星作品散藏各家外，其有未编刊者，多系代作，如《华国发刊辞》，汪旭初（东）执笔，《太炎文录续编》不收。《制言》在苏州出版四十七期。第四十七期扉页刊登抗日歌和歌谱。苏州沦陷，移上海出版，改为月刊，至六十三期停刊。专以阐扬国故为主，出版六十三期之多，海内罕见者也。[①]

先生早岁以来，历任各报刊主编，晚年，在苏州创办《制言》，为培育新秀，造就接班者，计划把制言社的主编、编委，悉委弟子担任，并提名确定。这种措施，是具有远见的，值得钦佩。但所任编委及主编，有老、中、青三者，而且资历有差异，学业有高低，以致互不服气，开编（委）会争论不休。先生闻而怒斥之，当场宣布解散编辑委员会，自任主编，指定孙世扬、潘承弼、沈延国三人为编辑。《制言》共出六十二期，由四人负责，先生逝世后，仍由孙等三人负责，其实编委在《制言》出版前已取消了。

主持章氏国学讲习会和制言社工作，搞实际事务的，首推孙鹰若（世扬），工作常至深夜，或通宵达旦，同门无不敬仰。

---

① 沈延国《章太炎先生在苏州》，《苏州文史资料选辑》第 12 辑。

第五章

晚年生活

wan nian sheng huo

1935 年 1 月 4 日，正值太炎先生寿诞，新知旧友均往贺寿，苏州《明报》报道："朴学大师章太炎，昨为六旬晋七寿辰，贺客盈门，贺联寿幛，琳琅满壁"，来宾有"辛亥湖北起义首领开第一炮之龚振鹏军长、段祺瑞代表齐岳英、吴新光、黄复生、于右任代表曾通一、居正、张继夫人崔振华、汪旭初、邹鲁公子、邓家彦、薛笃弼、章士钊、赵恒惕、邵元冲夫人张默君、唐群英、唐三等均亲自由京杭两道来苏祝寿。大师夫人汤国梨，与张继夫人、邵元冲夫人，均系前北伐女子队健将，汤夫人担任该队长"，"合肥段祺瑞亲撰（寿幛）'惟赫章君，文掩姬汉，躬与鼎革，明昭禹旬，抱道广学，为世大师，黄发鲐背，视此祝词'。冯玉祥之'庭前喜植长春树，堂上高悬寿世图'，吴新光之'九如'（横额），薛笃弼之'以介眉寿'"，等等。（《朴学大师寿诞志盛》，苏州《明报》）

1936 年 1 月 12 日，是太炎先生寿诞，正值他大儿子章导成婚，贺客更是成群，太炎先生高兴极了，与众欢饮时，忽然昏厥，十分钟后方复苏。六十七岁之后，太炎先生自感身体大不如前，他认真地写下了《遗嘱》，对身后事作了详尽合理的安排。

一、章太炎遗嘱

章太炎先生逝后，未见有遗嘱传世。但他是留下了遗嘱的，只因种种原因未公之于世。1994年，是太炎先生诞辰一百二十五周年，也是他立遗嘱五十九周年，一个甲子将逝，是该向世人公布这份遗嘱的时候了。当时适值《学术集林》创刊之际，元化前辈嘱我发表一些先祖父太炎先生资料，以飨读者，我想也许《章太炎遗嘱》最为合宜。为便于世人阅读，我逐段作了一些释解。

余自六十七岁以来，精力顿减，自分不过三年，便当长别，故书此遗命，以付儿辈。

《章太炎遗嘱》系太炎先生亲撰，并经公证，故贴有当时印花税票十一枚。

1934年秋太炎先生自上海迁居苏州，时年六十七岁。他在苏州创办"章氏国学讲习会"及《制言》杂志社，倾全力讲学和办国学杂志。这时，他胆病时发，鼻衄常犯，上课时还昏厥一次，身体明显感到苍老，自度

存日无多，遂有安排后事之意。立下《遗嘱》的第二年
（1936 年 6 月），太炎先生便与世长辞。

　　太炎先生青年时代就有反清言行，加上自幼有癫痫病
（成年以后愈），二十五岁时，无女愿嫁他，故他母亲便将
自己陪嫁丫头王氏许配给太炎先生。因这种婚姻没有当
时的媒聘婚礼，故不能算正式结婚，只能算"纳妾"。因
此太炎先生在《自定年谱》"一八九二年二十五岁"一条
中，只称"纳妾王氏"。但是他们尚属恩爱，王氏也一直
支持太炎先生从事革命，还为太炎先生生了三个女儿。长
女章㛤（音丽，1893—1915），1908 年嫁光复会的一个领
导人龚宝铨（未生），1915 年愤世自尽于袁世凯囚禁太炎
先生的北京钱粮胡同，身后无子。次女章叕（音 zhuó，
1897—1992），1898 年因"伯兄（章篯）年四十七，无所
出，抚叕为己女以归"，[①] 从此随太炎先生长兄生活。幼
女章㻑（音 zhǎn，1899—1973），1923 年嫁朱镈民（镜
宙），生有一女，1948 年去世，遗有一子。王氏 1903 年
去世，几个孩子"丧母后均依其伯父居"。[②] 辛亥革命胜
利后第二年（1913），在孙中山先生等关心下，太炎先生
与汤国梨成婚。汤国梨（1883—1980）生有二子。长子章
导（1917—1990），有婚生子女五人。次子章奇（1924—

---

① 章太炎《自定年谱》，1928 年。
② 汤国梨《章太炎先生家书·叙言》，中华书局上海编辑所，1962 年。

2015），1947 年赴美留学，未再归国，亦未成婚。

太炎先生的遗嘱从广义上说，是对五个子女而言，而对遗产分配，实际是对章㷳、章导、章奇而言，因该时章㸅夫妇均亡，章㸅已过继伯父。

凡人总以立身为贵，学问尚是其次，不得因富贵而骄矜，因贫困而屈节。其或出洋游学，俱有资本者皆可为之，何足矜异，若因此养成傲诞，非吾子也。入官尤须清慎。若异族入主，务须洁身。

太炎先生遗嘱的第一部分是交代儿辈做人的原则。内容可分四个方面。

第一，他强调人应"立身为贵"，他虽是举国公认的"国学大师"，但他嘱咐子孙不是学问第一，而是立身第一，即立德为先。早在 1906 年，他即强调"优于私德者，亦必优于公德，薄于私德者，亦必薄于公德，而无道德者之不能革命"，[①] 从而提倡"知耻、重厚、耿介、必信"。他一生刚正不阿，从无媚骨，晚年更是主张应以"范文正、顾亭林两位先生作为立身、行己、为学、做事

---

① 章太炎《革命道德说》，1906 年。

的标准"，① 他指出当时社会"道德败坏，一天进一天"。"有用言语去奉承人，有用金钱去讨好人，有用身体去伺候人，甚至谓他人父，卖了自家的祖宗。…… 杀人放火做强盗，虽是恶人，可是还不算丧了人格，这样人回转心来，尽有成就志士仁人英雄豪杰的；只有丧了廉耻，就算把人格消磨干净"。② 他在晚年多次书写他父亲章濬遗训，③ 称之为《家训》，要儿辈毋忘。《家训》说："妄自卑贱，足恭谄笑，为人类中最佣下者"；"人心妒媚常不能绝，上者忌功害能，其次以贫贱富贵相校，常生忮心，甚乃闻人丧败，喜溢眉宇，幸灾乐祸，祸亦随之"…… 等等，都是教子孙如何立身做人。

第二，他强调子孙如留学归来不得傲诞。太炎先生晚年，目睹不少留学回来的人，"养成傲诞"。他说："吾观乡邑子弟，负笈城市，见其物质文明远胜故乡，归则亲戚故旧，无一可以入目。又上之则入都出洋，视域既广，气矜愈隆，总觉以前所历，无足称道，以前所亲，无足爱慕"，④ 这些人"曰'发展个性也'，曰'打倒偶

---

① 章太炎《经义与治事》(1932年)，《苏中校刊》第68期。
② 章太炎《说我》(1929年)，《制言》第48期。
③ 详见拙编《章太炎先生学术论著手迹选》(北京：北京师范大学出版社，1986年，第240—249页)及《章太炎先生自定年谱》附录(上海：上海书店，1986年)。二者均收有《家训》，但文字并不尽同，可见是太炎先生据父言行而录写。
④ 章太炎《论读经有利而无弊》，1935年。

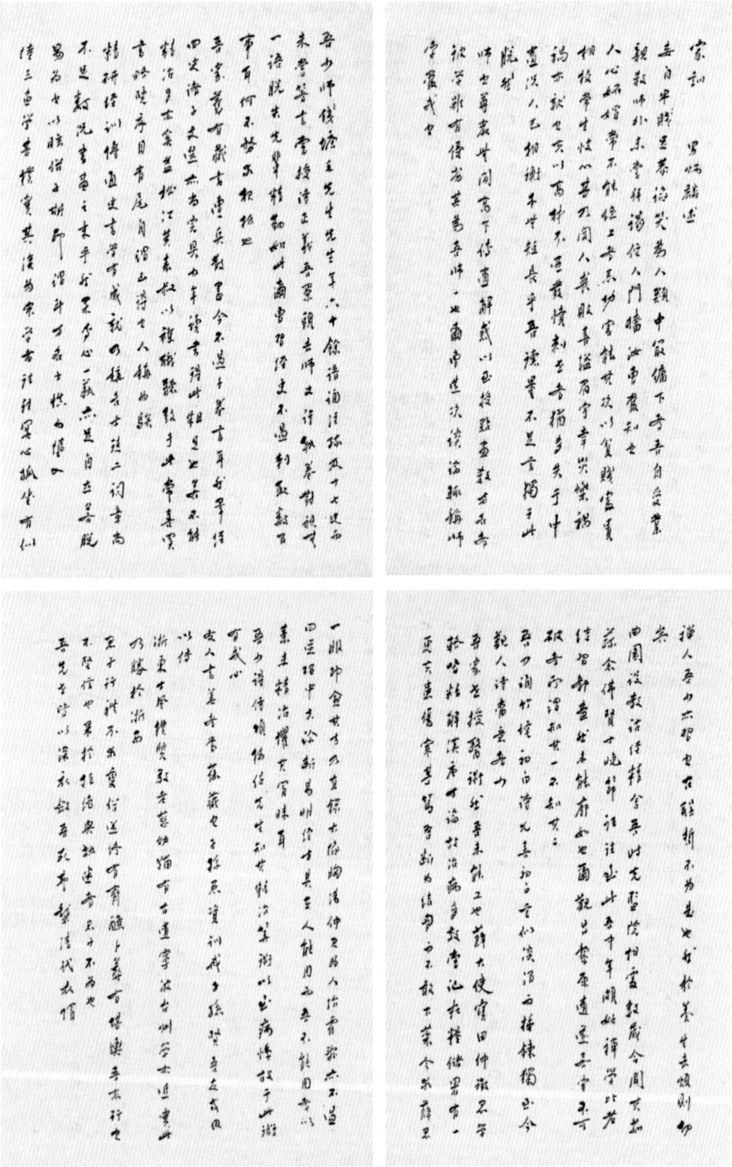

太炎先生手书家训。

像也'。发展个性，则所趣止于声、色、货、利，而礼、义、廉、耻，一切可以不顾。打倒偶像者，凡一切有名无形者，皆以偶像观之，若国家、若政治、若法律、若道德，无往而非偶像者，亦无往而不可打倒者"，[①]他嘱子孙万万不可因出洋学成，无视我固有文化与传统，如不然则"非吾子也"。

第三，太炎先生对子孙为官一方的嘱咐。他一生几乎没有当过官，仅担任过"东三省筹边使"，也不过三个月；一生几乎没有领过官俸。他严嘱子孙，倘若要做官，"尤须清慎"。

第四，太炎先生对子孙民族气节的嘱咐。他立遗嘱时，东三省和华北大部均已沦陷，中国有沦丧之危，他以六十多岁之躯奔走呼号全民抗日，但仍无法抑止民族危亡，所以他在遗嘱中告诫子孙，"若异族入主，务须洁身"，要保持民族气节。

太炎先生最重民族气节，从小接受了夷夏之辨的思想，又潜心从事民族革命与弘扬民族文化，他一直牢记《家训》"吾先辈皆以深衣敛，吾死弗袭清时衣帽"。他父亲章濬曾对他说，"吾家入清已七八世，殁皆用深衣敛，吾虽得职事官，未尝诣吏部，吾即死，不敢违家教，无

---

① 章太炎《论读经有利而无弊》，1935 年。

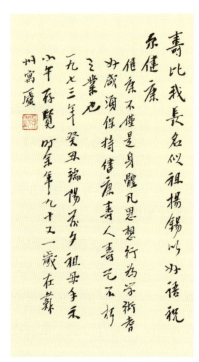

祖母不断地教育教诲我成长。
在我三十岁时，她为我题写的
贺辞：祝我"寿比我长，名似
祖扬，锡以好语，祝尔健康"。
祖母对我影响是至深至远的。

加清时章服"，[1] 要求仍以明代葬仪入土，这使太炎先生感动不已。这种根深柢固的民族主义思想，极大地影响了太炎先生的一生；同样，他也如此要求他的子孙。

过去曾有传说：太炎先生"之未病也，曾草遗嘱，其言曰：'设有异族入主中夏，世世子孙毋食其官禄'，遗嘱止此二语，而语不及私"。[2] 太炎先生有遗嘱之说不

---

[1] 章太炎《先曾祖训导君先祖国子君先考知县君事略》，1920 年。

[2] 缪篆《吊余杭先生文》，1936 年。

虚，但因没有正式公布，或许仅风闻遗嘱有保持民族气节之说，教导子女不能与入侵者同流合污，于是"异族入主，务须洁身"之嘱，成了"设有异族入主中夏，世世子孙毋食其官禄"之说。至于"遗嘱止此二语，而语不及私"，则是臆测，太炎先生遗嘱的后面七个部分，都是身后私事的交代，而中国人习惯隐私不宣，尤其涉及财产等问题，更少公开，尽管这中间并没有见不得人的隐私，仍使这遗嘱在半个多世纪后才得以问世。

> 余所有书籍，虽未精美，亦略足备用，其中明版书十余部，且弗轻视，两男能读则读之，不能读，亦不可任其蠹坏，当知此在今日，不过值数千金，待子孙欲得是书，虽挥斥万金而不足矣。

太炎先生遗嘱的第二部分是对自己藏书的处置，在他眼里，这是仅次于教导子孙如何立身的大事。

太炎先生一生收藏了不少书，珍本虽然不多，但也"略足备用"，并有"明版书十余部"，也弥足珍贵。太炎先生于1934年迁居苏州锦帆路五十号，这是由前后二幢楼组成的花园住宅，太炎先生住第一幢楼，在左侧又造了一座小楼，即藏书楼。太炎先生有多少藏书，从无记载。太炎先生学生陈存仁先生，1930年曾到太炎先生沪寓说："家具极少，但有木版书近八千册。"[1] 太炎先生藏书多是他的批本、点本。太炎先生希望儿辈能珍惜他的藏书，如自己不能读，也应很好地传给后代读。但是他的儿辈乃至孙辈，都辜负了他的希望！

余所自著书，《章氏丛书》连史、官堆各一部，《续丛书》凡十余部，《清建国别记》亦尚存三四部，宜葆藏之勿失。

《章氏丛书》有两种版本，其一，1915年上海右文社铅字排印本（共两函，二十四册）。其二，1919年浙江图书馆木刻本（共三函，三十二册）。右文版排字本未经太炎先生手订，讹误较多。浙图版刻本经太炎先生手订，并增加了《齐物论释定本》《太炎文录补编》《菿汉微言》三种，分成连史纸、官堆纸几种纸本，刻工讲究，价值较高，基本上将1919年前主要著作都收录了。

《章氏丛书续编》，1933年由弟子钱玄同、吴承仕、许寿裳等于北京刻成，共四册，收录了1919—1932年间的主要著作，包括《广论语骈枝》一卷，《体撰录》一卷，

---

① 陈存仁《忆我的老师章太炎》，1953年。

太炎先生与孙中山、胡汉民等合影。凡孙中山先生与太炎先生合影，孙中山先生总是让太炎先生居中而坐，这是非常有意思的现象。

章炳麟，字太炎，浙江馀杭人，年六十七岁，清末曾著青柳论奥清政府对讼于会审公廨，繫狱三年，出印辟地日本，入中国同盟会，主持民报撰稿，倡革命，民国倡义，被国历任大德使府密，等顾问东三省筹边使大元帅府秘书东盟赣诸国军总参谋余握动一位

这是太炎先生自撰的简历，写于1934年67岁之际。这是他对自己一生的高度概括，回答了他是什么地方人，一生做了什么，经历了什么，担任了什么职务，获得什么荣誉。这是一份十分重要的文献，是他自我认可的最简要的简历。

《太史公古文尚书说》一卷，《古文尚书拾遗》二卷，《春秋左氏疑义答问》五卷，《新出三体石经考》一卷，《菿汉昌言》六卷。1944 年成都薛氏崇礼堂有木刻再版本传世。

《清建国别记》，撰于 1924 年，全文仅二万字，太炎先生"自觉精当"，1924 年冬用"聚珍仿宋本印"，自成一册，《章氏丛书续编》未收。

以上三种著作，仍收藏于苏州章氏寓所。

余所有勋位证书二件及勋位金章二件，于祭祀时列于祭器之上，不可遗弃。

太炎先生为推翻清朝建立中华民国，作出了杰出贡献，但袁世凯政府仅授予他"勋二位"，他对此很不满，"自谓于民国无负"，至少应与孙中山、黄兴、孙武、段祺瑞、汪精卫、黎元洪同授"勋一位"，曾写信给负责稽勋局的王揖唐说，"二等勋位，弟必不受"，[①]但 1913 年 5 月他还是去北京接受了"二等勋"。他去京受勋时曾当面质问袁世凯是否有称帝之念，袁世凯悻然不对。一个月后，他参加反袁的"二次革命"，后更"以大勋章为扇坠"大闹总统府，为世人称道。

---

① 章太炎 1912 年 12 月 23 日《致王揖唐信》。

太炎先生参加"二次革命"和反袁，被囚幽三载，袁死后，他又参加"护法革命"，为此，黎元洪总统于1922年8月授他"勋一位"，太炎先生于上海南洋桥裕福里寓所郑重地接受了"勋一位"，还请了军乐队来迎接授勋官。

张菊生先生曾称太炎先生："无意求官，问天下英雄能不入彀者有几辈？以身试法，为我国言论力争自由之第一人。"但从他的遗嘱来看，太炎先生对自己的勋位及勋章与证书是很看重的，因为这毕竟是对他经历的肯定，而且他始终认为自己是"中华民国遗民"或"中华民国老人"，不承认自己是"青天白日南京政府"的顺民。他自诩有功于中华民国，认为勋章及勋位证书，是有功于中华民国的证据，故很珍惜。

余所有现款在上海者，及银行股本在上海者，皆预用导、奇两男名字，此后按名分之可也。丧葬费当以存上海储蓄银行之万二千圆供之（其中有二千圆，当取以偿铎民）。另以存浙江兴业银行之万圆用方定氏名者分与㻏女。其余杭泰昌有股本八百圆，既署匡记，即归导有之。

太炎先生著书、卖文、鬻字、教书，至晚年薄有积

太炎先生在苏州家院中与小儿子章奇合影。

蓄。他深知身后遗产纠纷之弊，故须将遗产分割妥当。立遗嘱时，大女儿已去世，二女儿归于伯兄，三女儿已成家，大儿子刚十八岁，小儿子才十一岁，因此他把较多遗产分给两个未成家的儿子。首先他对存款作了交代。他将部分现款分给了三女儿章㻿、朱镕民夫妇（浙江兴业银行用方定氏名存的一万圆及上海储蓄银行之二千圆）。其余分给两个儿子，而且早就用他们名字存入上海银行，"此后按名分之可也"，"余杭泰昌有股本八百圆"，"归导有之"，因为署了章导号孟匡之"匡记"，所以归于大儿子章导。最后还剩一万圆，作为自己丧葬费，安排得非常细致。可见太炎先生并不像当年谣传所说是一个不识钱不懂理财的书呆子。

余房屋在苏州者，王废基一宅，导、奇两男共之。其侍其巷宅，可即出卖，未出卖前，亦由导、奇两男共之。

太炎先生共有二处房产，一处是苏州饮马桥锦帆路五十号二幢楼房，原是王宫废基，人们惯称王废基。太炎先生将这二楼分别给予大儿子章导与小儿子章奇，章导继承了第一幢楼，即太炎先生居住的一宅，章奇继承了第二幢楼。20 世纪 50 年代初，章导将楼售给国家，章奇的一幢楼后被公私合营。以后这两幢楼做过苏州市地委和苏州市老干部局；如今在第一幢楼开辟了"章太炎纪念室"。

太炎先生另一处房产在侍其巷，他生前并没有去住过，曾接名医恽铁樵在此养疴。恽去世后，做过"章氏国学讲习会"预科班，抗战期间被日寇飞机炸毁，其地产章氏家属在 1949 年后捐献给国家，如今是一所学校的操场。

余田产在余杭者，不过三十亩，导、奇两男共之。

太炎先生没有置过田产，曾继承过三十亩田。太炎先生出身于破落的地主家庭，曾祖"资产至百万"，到父亲一代已衰落，加上太平天国战火兵燹影响，已"家无余财，独田一顷在耳"。汤志钧《章太炎年谱长编》称："章氏曾籍遗产土地三十亩"，其依据是太炎先生致女婿龚未生信称："叕籍遗产三十亩，聊供饘粥入学之资。"太炎先生将继承的三十亩田传给了两个儿子，后因抗日战争、解放战争，两个儿子也没有去过故乡余杭，更没有经营过土地，1949年后土改归公。

余于器玩素不属意。铜器惟秦权一枚，虎鲸一具为佳，别有秦诏版一具，秦铁权三具，诏版所信为真耳。瓷器皆平常玩物，惟明制黄地蓝花小瓶，乃徐仲荪所赠，明制佛像，乃杨昌白所赠，视之差有古意。玉器存者虽多，惟二琮最佳，又其一圜者，乃瑗之类，亦是汉以上物，螭虎一具，乃唐物也。古钱亦颇丛杂，惟王莽六泉、十布，差足矜贵，在川曾得小泉一挂，约六十枚，此亦以多为佳耳。端砚今仅存一方。其余器，不足缕述。以上诸物，两男择其所爱可也。惟龙泉窑一盘，以是窑系宋时章氏所营，宜归之祭器。

民国廿四年七月，太炎记，时年六十八。

（盖印） 章炳麟　太炎（对章）

太炎先生生前没有收集器玩嗜好，但也有一定收藏。他把这些东西交章导、章奇继承。其中特别交代了秦权一枚，虎鲸一具，秦诏版一具，秦铁权三具，以上青铜器，除虎鲸太大，没有收藏到上海银行保险箱内，于抗战间被人劫走，余物下落，下文一并交代。

太炎先生的瓷器，除先祖龙泉窑盘藏入保险箱内，余均陈设于家中。抗日战争期间阖家逃离苏州，家中遭洗劫；瓷器在"文革"中，遭造反派"破四旧"，当场砸碎数十只花瓶，徐仲荪、杨昌白赠的小瓶及佛像，已无踪影。

玉器中太炎先生特别珍爱的是"二琮"及"螭虎一具"，均为汉唐以上的古玉。这些玉器都收藏于上海保险箱内，今日之下落，也容下文作覆。

太炎先生收藏的古币有早年收集的，如护法运动时在四川曾得小泉一柱，约六十枚。也有晚年收集的，如上海图书馆保存他致邓秋枚九封信，都是托邓代为收购古钱的信。晚年著有《三十六国钱币》《布泉识语》等文。1932年，他为弟子潘景郑的祖父作《清故翰林院庶吉士潘君墓志铭》，潘家为苏州望族大家，为酬太炎先生作墓志铭，特以数千元高价收购的"王莽六泉、十布"二枚极罕见的古币，[①] 赠太炎先生作为润笔。太炎先生收集的钱币在他死后，也一直保存于上海银行的保险箱内。

太炎先生文房用具中有宋代端砚一方，为他所特别钟爱，他特为这方砚题了"石不久卧，墨不久濡，鬼神泣之心不渝"几字，请人勒于砚后。

太炎先生早在生前就租下上海宁波路上海银行保险箱一只，存放重要物品，"后改租上海浙江兴业银行之保管箱存放，解放后因浙江兴业银行停业，改租上海滇池路中国银行保管箱（户名为汤国梨，箱号似为丙种一七〇号）"。[②] 遗嘱中大部分物品均收藏于此。"文革"中被冻结，1974年始可开启，汤国梨夫人欲取走一点首饰以贴家用，便由章导夫妇向苏州市统战部请开证明。据章导说："当时统战部系由李军代表负责，李军代表听后，即对我爱人严加指斥，甚至认为租用保管箱是违法行为"，"还向我母提出这批文物要上交国家，并指定由博物馆接收"。[③] "在这种压力之下，唯有遵照办理。当时由李军代表派了工作同志会同我爱人去上海办理开箱及取回箱内文物。在提取时，发现箱子早被保管库方面单

---

① 潘景郑将此事以亲笔书告本人，笔据今尚存。（本文作者注）
②③ 章导1983年10月18日《致上海市政协落实政策调查组报告》（复印本）。

独先期开启"（完全不按开启保险箱的有关规定），^①"箱内物品，已被银行包好，放于另一箱内……当时我爱人曾问到为什么箱已开启，但银行中人未予解释"。^②"点查之下，缺少黑色铁'秦权'五只，其余箱内物件，全部带回苏州。由博物馆邀同文物商店张同志，带了收据，李军代表派了工作同志参加下，来家当面点清交去，除秦权等五件年代待研究外，其余张同志鉴定真品无误"，^③而且是"带有参考书印证"，于是"开具收据，硬性认为捐献"。^④"该批文物取去后不久，博物馆突声称所有古钱币中，一部分非真品。我母认为，当我先父收藏该批钱币时，是经过考证鉴定……我母表示，如是伪品，要求退回，但博物馆并不退回，而请我市谢孝思同志送来所谓奖金五百元。……（我母）仍请退还原物，以达到先父所嘱由后人保留纪念，而不接受奖金。但在谢孝思同志晓以利害及劝说之下，我家无奈被迫收下"。^⑤直到粉碎"四人帮"后，1986年才将这批文物发还，共一千五百多件，但勋章已被博物馆"遗失"，钱币中"王莽六泉、十布"也不见了，还有不少物品也被调换。

为了使太炎先生遗物不再有失，章导于1986年将这

---

① ③ ④ ⑤　章导 1983 年 9 月 23 日及 10 月 14 日《致江苏省落实政策调查组报告》（复印本）。

②　章导 1983 年 10 月 18 日《致上海市政协落实政策调查组报告》（复印本）。

我们四兄妹有的当了市人大代表，有的当了市政协委员。一次四兄妹在上海市人代会上相聚。

我父亲章导与我及另一个弟弟（章念翔）在苏州家院子中。父亲历经沧桑，被"改造"多年，最后任苏州政协专职副秘书长，弟弟也担任过苏州政协副主席。

我将收集的太炎先生资料、书籍、文物，分三批捐给太炎先生家乡——
浙江余杭。图为余杭文广局领导来我家接收。

2022年我将收藏有关太炎先生文物五十一件，捐献给浙江余杭章太炎
故居纪念馆。图为捐赠现场我为大家展示太炎先生书法作品，上有太炎
先生落款——"余杭章炳麟书"，如今这幅作品回归故里了。捐赠这些
价值不菲的文献所获奖金，我们夫妇分文不取，全部交故居资助章太炎
研究，用于组织研讨会、出书等，以弘扬"章学"。

批发还的文物及家中其他收藏，共一千多样，八千多件，全部捐赠给国家文化部。1987 年 5 月，中共中央及国务院在中南海为章氏家属举行了隆重颁奖仪式，对章氏家属的爱国义举颁发了二十万元奖金，并在杭州建造了"章太炎纪念馆"，来收藏这批文物，供后代瞻仰。这批文物中有袁世凯签署的"勋二位"及黎元洪签署的"勋一位"证书；有青铜铭文的"秦权"一双、秦诏版一块、秦方量一只等八件；有"二琮"（黑色玉素琢琮及白色玉花琢琮）、黄玉佛手花插、旧玉素璧，"螭虎"（玉鹅）等十六件；有"小泉"二十枚，布泉、五铢、半量、蚁鼻等一千一百二十三件；有宋"端砚"一方；有"龙泉窑盘"一只；有田黄双狮钮文章、甘黄浮雕梅花天然章等二十二方……等等。这些太炎先生的爱物，在经历了半个多世纪风雨劫难后，终于回到了他的故乡，由家乡人民世代保存，这可以说是他的《遗嘱》最美满的结局。

二、太炎先生的晚年生活

太炎先生迁居苏州后，开始了全新的生活。所谓太炎先生晚年，是指 1932 年至 1936 年，即他六十五岁到六十九岁的最后五年。在这之前，1927 年至 1931 年，他是处于被"通缉"的匿藏状态，乏事可陈。最后五年的太炎先生，并非完全是"落伍"与"消极"的，而仍是灿烂与辉煌的，如早年般成为时代的旗手，依然是一个爱国主义者，一个战士。他的喜怒哀乐完全与全民抗日联系在一起，他再一次用自己的学识传承华夏文化薪火。

这五年他基本上一直在讲学，培养文化弟子。有文字记载的演讲达四十多篇，从各个方面阐述了音韵文字学、经学、诸子学、佛学、哲学、史学、文学、医学的精义，留下了一大笔丰富的学术成果。他的讲学，又不是传统的注经释经，而是有鲜明救亡图存的爱国主义内涵。这样的作为，这样的贡献，在旧民主主义一代人中没有几个。

太炎先生在晚年除了讲学之外，在专著方面，完成了两部重要著作，一是《春秋左氏疑义答问》，另一部是《古文尚书拾遗定本》。这两部著作可以说是他一生的"轮回"。他一生最早一部著作是《春秋左传读》，而他最后岁月又完成了《春秋左氏疑义答问》，虽然仅仅只有四万多字，但他说这是凝聚了他三十多年智慧完成的，他自视甚高。他的最后一部专著是在得到许多出土新资料的情况下，在撰写《古文尚书拾遗》的基础上，又通过与弟子和七个研究生讲学的过程中，完成了《古文尚书拾遗定本》。他很自傲地说，从此人们读《尚书》可通达十之八九了。

太炎先生晚年在苏州的家庭生活是安定的。我父亲叫章导，当时在上海大夏大学读土木工程，每逢寒暑假期回到苏州度假。我母亲叫彭望淦，苏州人，是苏州望族，系葑门尚书第彭家。苏州文化底蕴丰厚，清代共出状元 26 个，而彭家彭定求、彭启丰祖孙二人连中会元、状元（家族中在清代又有 1 个探花、14 个进士、31 个举人），彭启丰官至兵部尚书，因此彭府被称为"状元第"，也称"尚书第"，迄今门匾尤存。门前有"砖桥"一顶，民国之前，文武百官经此，文官下轿，武官下马，以示敬重。母亲的父亲彭元士，是末代举人，办彭氏小学，后任云南大学图书馆长。母亲有五个姊妹，个个庄重美丽，人称"五朵金花"，街坊都以一睹她们芳容为快。客居苏州的北洋政府"代总理"李根源夫妇，实在喜欢已

1936 年 1 月，太炎先生在苏州定居后，他的大儿子章导与彭雪亚结婚，让他有了一个完整家的喜悦。照片为我的母亲，美丽而温柔。出身于苏州名门——尚书第彭氏三小姐，后在中国银行工作，新中国成立后被下放，最后在饭店当服务员。

长大的三姊妹，特来求亲，要求将三姊妹中的任何一个
嫁给他们在黄埔军校读书的二公子，结果娶了二女儿为
媳。母亲是三女儿，当时在振华女校读书，在寒暑假中，
与同学结伴来"讲习会"听国学讲座。由此我们父母在
"讲习会"相识，一见钟情，于是太炎先生托盟兄李根源
夫妇做媒。李氏夫妇乐于代媒，终于促成婚事，也亲上
加亲，成当时之美谈。

1936年1月，父母举办了隆重婚礼，恰逢祖父寿辰，
双喜临门，成苏州一时之快闻。婚后父母住后楼的二楼。
这场婚事成了祖父晚年一大快事，给他带来了许多喜庆，
也让他每月第一天，都有了亲赴母亲婚房送"月份钱"
的使命，即公公每月给媳妇送零花钱的习俗。祖父每月
亲备十元月份钱，送给媳妇，这让他享受了常人家的亲
情，他乐于此任。

长期缺乏世人儿女情长与家庭之乐的祖父，终于得
到了一个完整的家，得到了短暂的安定，这是他一生中
最美满的时期。许多人都来拜门祝贺，即便过去有恨有
怨的，他变得一团和气了，学会了原谅。鲁迅则批评他
收起了锋芒，为他委屈。在这么多客人中，包括他过去
最不肯原谅的曹亚伯与冯自由。十年前，即1924年，国
民党中右派居正、曹亚伯、冯自由等在上海发表了《护
党救国宣言》，反对第一次国共合作，他们借祖父威望，

1936年我父母结婚后拍的全家福。左起依次为长子章导、太炎先生、汤国梨夫人、长媳彭雪亚、次子章奇。

太炎先生与亲友合影。

谎称《宣言》是太炎先生领衔发表的，还编入《革命逸史》。招来国民党与共产党几十年的忌恨，而祖父从来没有加入过国民党，怎么会去发表"护党宣言"？所以祖父誓称曹亚伯、冯自由若再登门"必杖击之"，吓得他们一直不敢再登门。直到十年后，借我家双喜临门，惺惺来贺，祖父也旧事不提，不了了之了。

不久我母亲怀孕了，祖父将要当爷爷了，他更加高兴了，急匆匆嘱家人提前为孩子做好了一切衣着。可是，未出生不幸夭折了，让他感到惋惜。

祖父颠沛了一生，晚年终于有了自己的家，有了他心仪的"国学讲习会"和学术刊物《制言》，弟子成群，家庭和睦，生活富裕，他写了条横批："于是，孟秋爱谢，听览余日，巡省农功，周行庐室"，这是《昭明文选》中《西征赋》的一句话，描写社会动乱之后得到的

这幅书法作品，是太炎先生晚年作品，抄录了《昭明文选》中《西征赋》中间的一句话："于是，孟秋爱谢，听览余日，巡省农功，周行庐室。"这是对劫后暂时安宁的描写，也许是他晚年心情的写照。

太平，也许是他晚年心情的写照吧！

家里有两个院子，一个是二幢楼的后园，一个是讲习会的后园，我们称为前院、后院。前院可以说是果园，春天青梅首先开花，接着梨花满树，桃花跟了绽放。五月枇杷满树，得赶紧用粗树枝撑住果实累累的枝条；压得树枝下垂的还有十月的柿子，还有十二月的胡柚。祖母则忙着采摘青梅、毛桃，将它们晒干后，烧煮成青梅干、桃干，这是我们全家都爱的蜜饯。新鲜的梨子、枇杷，随手采摘，不知有多好吃。竹林的春笋，采后立刻清蒸，这才叫人间第一美味。还有初春的香椿，用来炒蛋，其鲜味令人终生难忘。前院中的蜡梅香味，薰得永世不忘。这里没有假山池塘，只有自然归林的草木。

后院除了两棵粗大的桃树外，是一片菜园，四季蔬菜，全家食用不尽，还好送人。其中小番茄的鲜美，让其他水果统统逊色，苞谷（珍珠米）是全家一夏的点心；黄金瓜与青皮绿玉瓜，是夏天消暑的珍品；老南瓜，够全家吃上一年。这样的田园风光，让人终生难忘。

院内还两口井，一口井又大又深，为全家供水。另一口是双井，有两个井圈，从上望下去，可见两个人影，听说是吉祥的。每次回家，我总会去照照坐坐，徜徉在这家的乐趣之中。

我们一家常常在庭前吃瓜喝茶，围坐聊天，听老人讲那过去的故事，常常至夜深才回房睡觉，这是我们家最最美好的辰光。

对于太炎先生晚年生活，他的弟子汤炳正教授回忆道：

> 一九三五年九月十六日，太炎先生开始讲课，讲过"小学略说""经学略说""史学略说""诸子略说""文学略说"，还专门讲过《尚书》《说文》等。我们听讲的学生，每听完一次讲，就三五成群，互对笔记，习以为常。……
>
> 先生有时招集诸生在他的客厅中座谈；个别学生有求问者，亦可随时单独拜谒，谈论学术。……世传先生与他人论学，锋芒逼人，毫不宽假，但与吾辈后学相对，则是另外一副面貌，我们完全可以纵意畅谈，无拘束感。①

祖父安定的晚年是短暂的，他除了坚决支持抗战外，再也没有卷入各种政治漩涡，被讽为"半截子革命家"。他专心讲学，要把他的知识和经验传播给后代。他忙于编讲义，编杂志，上课，终于病倒了，连饭都咽不下，

---

① 汤炳正《忆太炎先生》，《中国文化》第 8 期，1993 年 6 月。

母亲生了我们四兄妹。

太炎先生晚年定居苏州的书房兼休息室。

还坚持上课。他像战士，死在了战场。死前十天，他还了蒋介石给他的信，大敌当前，蒋介石也表示礼贤下士，致信祖父请教对策。祖父回信说，应一致对外抗战，可将共产党的军队视为"民军"，让他们开赴前线作战，他说共产党对外是决不会投降的。死前三天，他还在讲学。1936年6月14日，他溘然长逝，享年69岁。

对太炎先生的逝世过程，汤炳正回忆道：

先生是一九三六年六月十四日上午八时，以鼻癌与胆囊炎不治而逝世的，享年六十九岁。其实，先生早年曾患黄疸病，是这次胆囊炎的先导，鼻癌则早在前年，已见其端。"章氏国学讲习会"成立后，先生是带病讲课，故讲课不断以手帕揩鼻。迄至逝世前数日，病已亟，不能进食，犹坚持讲课。师母影观老人劝止之，先生曰："饭可不食，书仍要讲。"逝世的头天晚上，听说先生病笃，我到先生寝室探望。他坐在逍遥椅上，气喘急促，想跟我讲话，已讲不出来。十四日清晨，先生去世时，除先生家人之外，我与同门李恭（行之）也在旁。先生目已瞑，而唇微开，像有什么话还未说完。先生生平，为革命奔走呼吁，为讲学舌敝唇焦，已完成了一个大贤大哲对人类社会的历史使命，还有什么话要说的呢？这时，家人忙乱悲痛，我代为整理床头杂乱衣物，李恭则跪在床前，口念"阿弥陀佛"，并以手托先生下颌，使唇吻渐合。

其他学生则排队站立在窗下，手持棒香，口念"阿弥陀佛"，为太炎先生送行。突见东方突耀红光一道，只听到室内哭声一片，弟子们知太炎先生已逝，都跪地送行。

太炎先生去世，中央政府拨三千元治丧费，家中花一千元为他购得楠木棺一口。大殓时，按祖规要盖绸一块，并打成结，叫结爻，又叫结彩。祖母吩咐买红、黄、蓝、白、黑五块绸，象征五色国旗，为他"结爻"，表示他是一生有功于中华民国，而拒绝为他盖青天白日旗。

祖父作古，国民政府下达了"国葬"令，但来不及正式安葬，只好暂厝院中，一家匆匆踏上逃难之路，忍痛抛下了这偌大的家，只留下一个看门的男佣。

1937年11月日军占领苏州，在占领前夕地痞流氓首先洗劫了我们的家，日军占领后，又将我们住宅变成了他们驻军之地。抗战胜利，家中已一片狼藉。

祖母带领全家历经三个月流亡，终于到达上海，暂安了下来。母亲在半路上生下了我的大哥——一个没有见过祖父的大孙子，故取名"念祖"。

锦帆路新居第二幢楼今貌，三楼被加高加宽了。

　　直到 1950 年，苏州解放后，政府邀请祖母担任省文史馆员与人大代表，于是祖母带领我们回到了苏州的家，一起住在第一幢楼。我只住了很短的一段时期就回上海读书了，只留下浅浅的印象——一个空旷而缺乏人气的地方。

　　1954 年国家隆重地将祖父灵棺迁葬杭州西子湖畔。以后，二幢楼先后成为苏州"地委""侨办""老干部局"等机关。祖母带我们移居后面"讲习会"旧址。"十开间"在抗战期间损坏了一半，只剩下邻街的"五上五下"。我们将剩下的家具书籍安置于此。楼下五间房，一间成会客室，一间成饭堂，其余均作了书房，楼上都作卧室。房前仍有一个小花园，我们依旧在小花园中吃饭、会客、聊天、晒太阳、纳凉……装满了甜蜜的家的记忆。祖母在这里活到了百岁。

第六章

章太炎与抗战

太炎先生晚年正值抗日战争时期，从"九一八"到"一·二八"，及"一二·九"学运，到苏州沦陷，他的喜怒哀乐都与全民抗日融为一体，坚决站在历史的正确一边，拥护全民抗战，反对"攘外必先安内"，保持他一贯的爱国主义民族气节，成了支持抗战的一面旗帜。他虽然不能像年轻时代表最先进的思想潮流，站在民众前边，但他也没有辱没自己的光辉，被后人称为"中华英杰"。

一、"九一八"与章太炎

没有"九一八"事变，章太炎先生也许会永远从政治舞台上销声匿迹，就如鲁迅先生所说的，"用自己所手造和别人所帮造的墙，和时代隔绝了"。

但是无可否认，这时的章太炎已非昔日之章太炎，他衰老了，步履蹒跚了。辛亥革命后的种种现实无不使他绝望。蒋介石建都南京后对他的二次"通缉"，政治上

面对日寇不断入侵，东北已亡，华北垂危，蒋介石的不抵抗，太炎先生不断发声批判，并大书"吴其为沼乎"赠人，悲痛指出我们美好国土将变沼泽了！

的失意，意志上的衰退，健康上的衰老，使他终日晏坐书斋。

可是，1931 年 9 月 18 日，日本帝国主义突然袭击我沈阳，炮轰北大营，继而向东三省发动了全面进攻。蒋介石忙于对付汪精卫和镇压国内革命势力，对外不惜退让屈膝，严令东北军"绝对不抵抗"，致使大片国土沦丧，东三省垂危。中国人民头上降临了新的灾难，严重的民族危机考验着每一个中国人。

章太炎先生被这时代的危机震惊了，强烈的民族主义意识使他从沉寂中苏醒。他如一头垂老的雄狮，本能地嗅到一种威胁在迫近，于是他站立了起来，目睹国内政治现状，愤然大书篆轴"吴其为沼乎"，分赠友好，以示焦虑。

章太炎先生对于"九一八"事变的态度开始是谨慎的和有克制的，仅仅在与友人通信中阐述己见，表示愤慨。他说："东事之起，仆无一言，以为有此总司令，此副司令，欲奉、吉之不失，不能也。东人睥睨辽东三十余年，经无数曲折，始下毒手"，虽然抵抗未必能胜，"败而失之，较之双手奉送，犹为有人格也。辽东虽失，而辽西、热河不可不守"。他对蒋介石的不满，也仅仅流露在那句"有此总司令、此副司令，欲奉、吉之不失，不能也"。对于蒋、汪矛盾，他始终默言，因为"拥蒋非本心所愿，倒蒋非事势所宜"。蒋与汪，在他看来，蒋如秦桧，汪如石敬瑭，"秦固屈伏于敌，石则创意卖国者，去秦求石，其愚缪亦太甚矣"！他们都是"爱国家不如爱自身，爱自身人格尤不如爱自身之性命"的败类。这样分析真是入木三分。对时局，他认为"唯有一战"。

由于蒋介石的不抵抗政策，不到三个月的时间，东三省竟全部沦于日寇之手。章太炎先生忍无可忍了。他虽身处逆境，沉寂已久，然国难当头，他便翕然而起，拍案怒斥当局，作醒狮大吼。1932年1月13日，他与熊希龄、马相伯、张一麐、李根源、沈钧儒、章士钊、黄炎培等知名人士，联名通电，痛斥当局，电文说："守土大军，不战先撤，全国将领，猜贰自私，所谓中央政府，更若有若无"，要求国民党各派首领"立集首都，负起国防责任，联合全民总动员，收复失地"，否则"应即日归政全民，召集国民会议，产生救国政府，俾全民共同奋斗"。六天之后，章太炎先生又率张一麐、赵恒惕、沈钧儒、李根源等，联名通电全国——《请国民援救辽西》通电对东北义勇军的奋勇抗敌予以了高度评价，称"义勇军以散兵民团合编，妇女老弱，皆充负担之役，胜则如墙而进，败则尽室偕亡，所谓将军有死之心，士率无生之气者，于此见之"。他严斥当局"素无斗志，未闻以一矢往援"，指出"国家兴亡之事，政府可恃则恃之，不可恃则人民自任之"。

二、章太炎与"一·二八"

"九一八"事变后，日寇在东北得手，遂得寸进尺，于第二年的 1 月 28 日，对上海闸北发动了突然袭击。驻守上海的第十九路军将士在全国军民抗日热浪的推动之下，奋起自卫，揭开了悲壮的"淞沪之役"。

当时章太炎先生身居沪上，目睹日军残暴的进攻，看到军民抗战的无畏气概，深为感动。他用他著称于世的文笔也参加了战斗，撰写了《书十九路军御日本事》，记述淞沪之役中军民可歌可泣的行为，称这一仗是"自清光绪以来，与日本三遇，未有大捷如今者也"。他从十九路军与上海市民舍生忘死、精诚团结、共同御敌的生动局面中，看到了希望，从而感慨地说："自民国初元至今，将帅勇于内争，怯于御外，民闻兵至，如避寇仇。今十九路军赫然与强敌争命，民之爱之，固其所也。"

章太炎先生不仅从道义上支持十九路军抗日，还支持他夫人汤国梨创办第十九伤兵医院，用实际行动支持淞沪抗战。这所医院办至战事平息才结束，前后历时近一年，先后接纳治疗伤员一百四十多人，仅一人因伤势过重而死亡。

但是，蒋介石与汪精卫之流千方百计地破坏上海军太炎先生全力支持十九路军抗敌，赞颂他们英勇献身，行为如同当年黄花岗起义，永远可敬。他特发表了《书十九路军御日本事》，公开与将士站在一起。以后他又发起将十九路军阵亡将士迁葬广州黄花岗。

民抗战，竟与日本当局签订了卖国的《淞沪停战协定》。
章太炎先生对此怒不可遏，他断然拒绝出席蒋、汪召开
的所谓"国难会议"。他在《拒绝参加国难会议书》中，
指出当局应以实际行动来抗日，而不是用空洞诺言来欺
骗民众，说："全国上下所当聚精会神力图攻守者，惟辽
西与热河耳。……苟令江左弃地如遗，当国者将何以谢
天下乎？""仆民国荒夫，焉能为党国诸贤任过也！"

《淞沪停战协定》签订后，十九路军被迫撤离上海，
但战争的阴影仍笼罩在上海市民头上，章太炎先生与沪
上爱国人士，为了使十九路军阵亡将士遗骨免遭不测和
凌辱，发起了为十九路军阵亡将士迁葬运动。章太炎先
生提议将烈士遗骨迁至广州黄花岗七十二烈士墓区，与
我国资产阶级领导的最大武装起义——黄花岗起义的
七十二烈士并葬，以表彰他们抗日的功绩，教育后人，
同时激发人们抗日的激情。这倡议获得社会广泛支持，
终于迁墓成功。章太炎先生亲撰了《十九路军死难将士
公墓表》，刻石于墓前，盛赞十九路军抗战"功虽未就，
自中国与海外诸国战斗以来，未有杀敌致果如是役者
也"，今"度地广州黄花岗之南，以为公墓，迁而堋之"，
他深信"继十九路军而成大业者，其必如武昌倡义故事"。

从章太炎先生支持十九路军御敌一事来看，他早年
的革命锐气正在再现，他所写的《书十九路军御日本

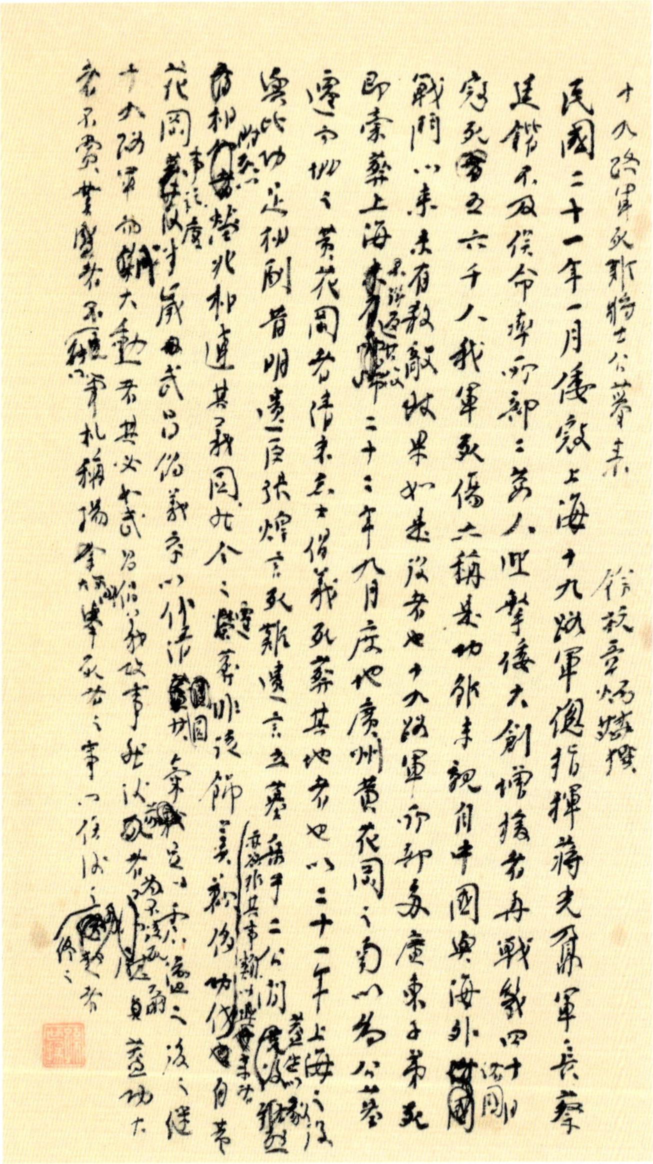

太炎先生《十九路军死难将士公墓表》手迹。

事》，有着当年为邹容作《革命军序》之浩气，他发起的十九路军迁葬一事，尤同他早年发起的"支那亡国二百四十二周年"纪念活动，充满爱国主义的激情。虽然号召力已远不如昔，但他的拳拳之心和"烈士暮年，壮心不已"之情，是永远值得称颂的。

三、北上见张学良

东北失守，华北垂危，上海吃紧，中华民族有亡国之危，章太炎再也坐不住书斋了，他毅然决定北上见张学良，凭着他元老的身份和与张学良多年的交情，代东南民众呼吁张学良出兵抗日。

1932 年 2 月 23 日，章太炎先生动身北上，这时"一·二八"战火未熄，北上火车尚未通行，他迫不及待，拖着六十五岁多病之躯，冒着吴淞口纷飞之炮火，坐船前往青岛，然后改乘火车抵北京。当时记者访问了章太炎先生，询问北上之意和对时局的看法。他回答道："此次来平，曾分访张汉卿、吴子玉诸氏"，"对日本之侵略，惟有一战，中国目前只此一条路可走。"

张学良将军对章太炎亲临北平，感情十分复杂，他与这位爱国老人有着忘年之交，他尊敬章太炎先生，但又有难言的苦衷。他执子侄之礼亲往花园饭店看望章太炎先生。章太炎先生见到张学良，将一肚子火发泄了出

东北沦陷后，太炎先生企图以他最后影响力去影响"有力者"抗日，故于 1932 年北上面见张学良、吴佩孚等，呼吁出兵抗日。这是他在北京与中外人士见面合影。但他的希望全部落空了，最后只好应弟子要求作了一通演讲而已。

来。他对着张学良将军"大声疾呼，声震屋瓦"。张学良"面对正直的民国元勋，他既无从申辩，又无法出兵，于是对太炎出示了蒋介石给他的不抵抗密令，以说明苦衷。据说这是张学良第一次向人透露这个密令，这时太炎先生感到无可奈何"了。

章太炎先生这次北上，是他一生中最后一次北上，他除了劝张出兵外，还从事讲学，并沿途演说，以历史上的英雄人物和事件，来教育人们效仿先贤，激发民众的爱国主义精神。许多国民党将士，深受他的感染，吴佩孚在他影响之下，终于没有下水当汉奸。有些青年知识分子，在他启迪之下，走上了革命道路。我记得有位革命作家说过，他就是在青岛听了章太炎先生演说后投入革命行列的。章太炎先生在青岛对"行己有耻，博学于文"两句意义详加论述，尤对"耻"字发挥意见颇多，引证亦多，意为人能知耻方能立国，遇难而不抵抗即为无耻，因知耻近乎勇，不知耻即无勇可言。

四、热河之失与章太炎

1933 年初，山海关沦陷，热河省又兵临城下，西北军首脑冯玉祥特派代表到上海面见章太炎先生，并致书表示："自榆关陷落以来，华北之屏藩已撤，河朔数省随时可为东北三省之续。……倘有赴难之机，决不惜一切之牺牲也。"章太炎先生对于冯玉祥将军之抗战热忱，感佩无量，立即复信，表示"可与敌人一决雌雄者"，唯冯玉祥将军一人，希望他与张学良将军等联合抗日。信中还对蒋介石的"攘外必先安内"政策予以强烈谴责，说："外患方亟，而彼又托名剿共，只身西上。似此情形，恐有如前清西太后所言'宁送朋友，不送家奴'。"公然将蒋介石比作慈禧，这需要巨大的胆识与气魄。

在北京与部分弟子合影。前排右起：朱希祖、钱玄同、章太炎、刘半农、马裕藻。

3月初，章太炎与马相伯先生联名致信给北平军分委员长张学良，保荐冯玉祥将军任热河统军，率军御敌，指出："今日之事，饷械固应筹备，将帅尤在得人。闻宋院长（宋子文）到平，犹以迫冯玉祥南行为务。不用之亦已矣，又从而绊其手足，这是何等心肠？""二十年以来，军人相忌，日寻干戈，以有今日，命已垂绝，犹作自坏长城之念，亦何心哉？"他们向张学良将军推荐道："以愚辈所见，今日能统十万军独挡一面者，唯冯玉祥一人，其人曾以逼溥仪之故，亦不容易有他肠。愚辈虽在草野，为作保证而有余矣。"张学良将军由于种种压力与束缚，未能采纳，致使热河沦陷，张学良作为替罪羊也被迫辞职。

热河之失，使章太炎先生怒不可遏。3月7日，他向全国军民发出公开电，谴责当局："国民政府成立以来，勇于私斗，怯于公战，前此沈阳之变，不加抵抗，犹谓准备未完，逮上海战事罢后，边疆无事者八九月，斯时正可置备军械，简练士卒，以图最后之一战。乃主持军事者绝不关心于此，反以剿匪名义，自图规避。驯自今日热河衅起，才及旬余，十五万军同时溃退。汤玉麟委职潜逃，诚应立斩；而处汤之上者，或则选耎不前，或则避地他适，论其罪状，亦岂未减于汤。应请以国民名义，将此次军事负责者，不论在南在北，一切以军法判处，庶几平亿兆之愤心，为后来之惩戒。"这个公开电，义正词严，浩气凛然，锋矛直指最高当局，这是对蒋介石一伙不抵抗主义的公诉书，是对镇压工农红军的"攘外必先安内"政策的声讨书。

这时章太炎先生的哀乐完全与抗战事业融为一体了。1933年4月1日，他与马相伯、沈恩孚再次发表了《三老宣言》，指出抗日的希望不应寄托在国联仲裁上，应"以自力自助自求"。4月27日，他与马相伯先生联名通电，告国人毋因小胜而忘大虞。5月，冯玉祥将军在张家口就任察哈尔民众抗日同盟军总司令，率吉鸿昌等宣誓抗日，并通电全国，决心"武装保卫察省而

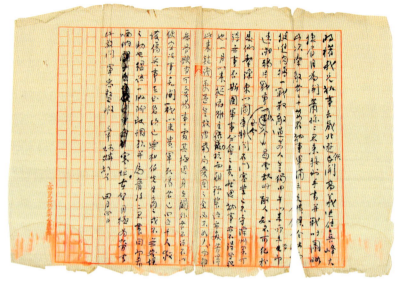

太炎先生致宋哲元信手稿，祝贺喜峰口大捷。

收复失地，争取中国之独立自由"。章太炎先生立即与
马相伯先生通电声援，电云："执事之心，足以代表全
国有血气者之心；执事之言，足以代表全国有血气者之
言；执事之行，必能彻底领导全国有血气者之行。某等
虽在暮年，一息尚存，必随全国民众为执事后盾。"每
当前线传来捷报，无论喜峰口之捷，还是古北之胜，他
必致电祝贺，并且亲为《察哈尔抗日实录》一书作序，
赞颂冯玉祥将军察哈尔抗日的功勋。当他得知华北失
守，危及南京时，便愤然作诗鞭挞："淮上无坚守，江心
尚苟安。怜君未穷巧，更试出蓝看。"短短一首诗，把

当权者的卖国嘴脸刻画得淋漓尽致。这首诗的大意是说：当权者在淮河不设防，一味实行不抵抗主义，结果轻易把中原丢失，还无动于衷，这些南宋小朝廷的无耻大臣，还在江心寺里乐逍遥；可惜南宋这些当权者卖国伎俩不高，试看今日南京当权者，真是青出于蓝了。章太炎先生这支笔使蒋介石之流又恨又怕，他们千方百计地限制对他言行的公开报道，并勾结小报，进行诬陷。

蒋介石对这位倔强的天不怕地不怕的民国元勋，十分恼火，于是让章太炎先生的金兰兄弟——国民党的要员张继出面，来劝"大哥当安心讲学，勿议时事"。章太炎先生闻之十分愤慨，他固珍爱兄弟之谊，但更爱祖国，更崇拜真理，于是愤然提笔作答，说："吾老矣，岂复好摘发阴私以示天下不广？……吾辈往日之业，至今且全堕矣，谁实为之？吾辈安得默尔而息也？""五年以来，当局恶贯已盈，道路侧目。""栋折榱崩，吾辈亦将受压。而弟欲使人人不言，得无效厉王之监谤乎？"章太炎先生最后说：我"年已耆艾，唯望以中华民国遗民之名表吾墓道"，他反问张继："谁使吾辈为小朝廷之民者？谁使同盟会之清名而被人揶揄嘲弄者？愿弟明以教我。"这大义凛然的复信，表达了他的铮铮铁骨和义无反顾之气概。

五、伪"满洲国"与"国联调查团"

日寇侵占东三省后，扶植傀儡建立伪"满洲国"，把自己的侵略罪行，说成应伪"满洲国"之请。蒋介石对外不作积极防御，却把希望寄托在欧美列强的干涉和国联的仲裁。

1932 年 3 月，国联派出以李顿为首的调查团来华调查中日事件，国民党政府驻国联代表顾维钧也随团同往。日寇对国联的调查百般阻碍，甚至扣留调查团成员。章太炎先生闻讯，立即写信给顾维钧，要他学习洪皓、左懋第以死自誓，"牺牲一身，而可以彰日人之暴行，启国联之义愤，为利于中国者正大"。顾维钧得信，真是啼笑皆非。章太炎先生这一番话，似是"疯话"不合人情，其实这是出自他内心的肺腑之言，如果他处于顾维钧的位置，的确会这样讲和这样做的。

1933 年 2 月，在国联仲裁伪"满洲国"事件时，日寇又胡说什么东三省主权历来属于满洲人所有，妄图制造伪"满洲国"独立。日寇的谬论迷惑了一部分不知真相的中外人士，致使国联对于否认伪"满洲国"一事没有达成协议，一些汉奸也趁机鼓吹"放弃东三省"。这时顾维钧急电章太炎先生，请教历史上东三省主权的归属问题。章太炎先生立即以他渊博的知识，撰文旁征博引地论证了东三省主权历来属我中华所有。他还与马相伯先生两次发表联合宣言（2月10日及2月18日）论证和申言东三省与热河均系我国主权，与伪"满洲国"无关，并电告日内瓦，昭告世界。当时国内报刊评论说：章太炎与马相伯"为中国第一流学者，联合对外宣言，将能代表其数千弟子、名教授、科学家及教育界正服务者，为拥护中国固有主权，向全世界作公正宣布，证明东三省当属于中国"。

六、章太炎与"一二·九"运动

1935 年 5 月，日寇又制造和策动了"华北事变"，当局竟再次姑息养奸，步步退让，签订了卖国的"何梅协定"。接着日寇又炮制了"华北五省自治运动"，成立了所谓的"冀东防共自治政府"，当局竟也派宋哲元组织"冀察政务委员会"，以适应日寇提出的"华北政权特殊化"的无理要求。在严重的民族危机面前，中国共产党发表"八一宣言"，号召全国民众奋起抗日救国。是年 12 月 9 日，北平学生响应中共号召，举行声势浩大的请愿游行，请求政府出兵抗日，但国民党当局派出军警，残酷镇压学生爱国运动，致使很多学生受伤和被捕。

章太炎先生闻讯立即致电宋哲元，加以责询，说："学生请愿，事出公诚，纵有加入共党者，但问今之主张如何，何论其平素？"一个民国的元老，出来为共产党说话，袒护学生反政府活动，是惊世骇俗的。宋哲元服膺章太炎先生的为人，在正义的指责面前，只得复电表示，"先生之嘱，自当遵办"。

北平"一二·九"学生运动，很快得到上海学生的支持。12 月 25 日，上海学生也举行了游行，并冲破警察阻拦，北上南京请愿。当学生请愿的火车行至苏州时，雨雪载途，困顿姑苏。上海市长潘公展亲去镇压和诱骗。章太炎先生得悉此讯，立即"嘱县长馈食"，又让他夫人汤国梨率章氏国学讲习会代表持食品、水果去车站慰问爱国学生，并对记者发表谈话："对学生爱国运动深表同情，但认为政府当局，应为妥善处理，不应贸然加以共党头衔，武力制止。尤其政府当局，教育当局，应对饥寒交迫之学生，负责接济粮食，并沿途妥为照料。"

章太炎先生这些言行，深深温暖了爱国军民的热肠，他不愧为一位杰出的爱国主义者。在他的精神感召之下，许多同胞走上了革命道路，其中有不少是他的弟子和学生，最为大家熟知的是吴承仕和叶芳炎。吴承仕是章太炎先生五大弟子之一，当时是北京中国大学教授，他不仅同情爱国学生运动，而且"冒着军警们的大刀、水龙的威胁"，直接加入了"一二·九"学生运动的行列，还加入了中国共产党，带动了一批爱国学生走入了革命的行列。叶芳炎是章太炎先生苏州章氏国学讲习会学生，他参加了新四军，加入了共产党，成了陈毅同志的助手。

七、最后的文字和言论

晚年的章太炎先生使蒋介石大伤脑筋，事实证明，谩骂、威胁，甚至通缉，对这位不屈的老人都是无效的，杀害则是连袁世凯都不愿冒的大不韪；于是蒋介石派章太炎先生的老友丁惟汾——中执委秘书长，借探望为名，给章太炎先生送去了一万元"疗疾费"，欲封其嘴。结果章太炎公开登报宣布作为"讲习会基金"，用以办学，奖励学子，而"肆言照旧"。以后无论欲聘他任"国史馆长""政府高等顾问""粤海书院院长"，都被他拒绝了。

1936 年 5 月，国民党内部又爆发"两广事变"，蒋介石内外交困，不得不装出尊老隆礼的姿态，来缓和舆论的压力。于是，亲自写信给章太炎先生，"属以共信济艰之义，劝诱国人"。6 月 4 日，章太炎复书蒋介石，劝他"开诚布公，以悬群众，使将相之视枢府，犹手足之扞头目"，并建议将察哈尔或绥远"付之共党"，因为中国共产党"对于日军，必不肯俯首驯伏明甚"，要求将共产党和工农红军"姑以民军视之"。这些铮铮谔谔之言，是他思想上的又一次飞跃。他曾以反共著称，但在现实面前，

面对国土沦丧，太炎先生悲愤地大书"还"字，提出全民抗日，还我山河，其沉痛无以复加。

他认清了谁是真正的爱国者，终于自纠错误，将共产党领导下的工农武装，从称"赤匪"，改称"赤军"，到称之为"民军"；从反共，到劝蒋介石将察哈尔或绥远交付共产党领导；从反对过第一次国共合作，到赞成第二次国共合作。他终于完成了思想上的一次大的转折与飞跃。可惜，这封信成了他的绝笔，他来不及发挥其主张，即匆匆告别了人世。

章太炎先生在复蒋介石信后的十天，即 1936 年 6 月 14 日因病与世长辞。他没有看到抗战的最后胜利，带着忧虑离开了人间。他曾希望死后傍民族英雄张苍水而葬，与英雄地下为邻，期待最后的胜利。章太炎先生以他无愧的言行，书写了璀璨的晚节。

第七章

章太炎的学术

"文革"结束后，国学再兴，社会上举办过一次"国学大师"评选，共评出十大"国学大师"，第一个就是太炎先生，唯有他是没有异议的。作为"国学大师"，他的学术成就表现在什么地方？下面我介绍他学术上八方面成就，即医学、小学、经学、佛学、哲学、文学、史学、书法。他是个全才，不是只继承传统文化中的某一个部分而已，而是一直致力构筑中国学术文化的整个体系。晚年的他，更成熟、更系统地对华夏文化加以发扬传播，留给了我们一笔巨大的文化财富，也培养了一支文化的中坚力量。这是章太炎先生晚年的一个重要组成部分。

一、医学

祖父不是出生于地主与官宦之家，而是生于浙江余杭仓前的一个业医世家，他曾说："吾家三世皆知医。"祖父的祖父名章鉴，举人，"以妻病误于医，遍购古今医学书，研究三十年"，"自周、秦及唐、宋、明、清诸方书，悉谙诵上口"。初仅为亲族治病，很有效，遂为乡人治病，"以家富不受人饷糈，时时为贫者治疗，处方不过五六味，诸难病率旬日起"。后因家遭太平天国战火而破落，干脆行医谋生，但他为人治病"医资足一日用"，余钱"辄分润邻族"，医德医术皆受乡人尊敬，先祖父从小以自己祖父为荣。

祖父的父亲章濬继承父业，据县志记载，"长于医，为人治病辄效"，家藏医书三千多册。祖父的长兄章箴也继承了家学，又随从钱塘仲昂庭先生学医，医术更加精进，"有瘰人子求治疾者，必应之，所全活甚众"，是章氏三世中医术最高的一位。

祖父二十三岁离家去杭州随汉学大师俞曲园先生（樾）深造，在著名学府诂经精舍苦学七年。俞曲园先生不但擅长治经，也好治医，他家人也遭庸医误治，故考据经典之余也泛涉医典，兼研医理，著有多部医论，这对我祖父的影响也是深远的。

祖父就是在这样的环境下成长，医学对他的影响是无所不在的。而且他一度也随兄长去仲昂庭医生家学医，他完全有可能继承家学，成为一名医生。但他毕竟接受的是中国最传统文化的影响，正如俗语所言"上医医国，下医医人"，这是做人的两个最高境界，即入仕治理国家，是人之首选，或退而求其次，治病救人，做个医生。范文正公（仲淹）将此训概括成"不为良相，则为良医"。这种传统的观念对祖父来讲，是至为深刻的，他在救人还是救国两者之中，必须要有所选择。

祖父青少年时代正处于鸦片战争后和甲午战争前，这是一个风雨飘摇的时代，又是一个无法洗尽耻辱的年代，这决定了祖父必先去走救国的人生道路。1897年，在三十岁的这一年，他离开了杭州诂经精舍的书斋，投身社会革命的洪流。他以笔作武器投入了戊戌变法、辛亥革命、二次革命、护法运动、抗日战争，几乎参与了这个时代所有的政治运动。他的革命斗争又是通过学术来表达的，他对旧文化作了系统的批判，为时代提供了新文化与新思想，他在治学、讲学、参加社会活动之余，始终没有忘记对医学的关注与研究，家庭的熏陶使他对医学的爱好深入骨髓，而他对传统文化的系统研究，其中有不少地方与医史医典医籍医学是休戚相关的，他无一不加以梳理与研究，有着一般医生都不能达到的水准。

祖父对医学的研究与爱好，不仅仅停留在耳濡目染，他也是从基础着手，广泛收集古今医方。如今保存在上海中医学院医史馆由他亲手抄录的医方有：古代医案医方三百三十种，精神医治法抄方三十八种，治鼠瘘方法抄方十一种及其他抄方五种。所抄之方，皆以蝇头小楷整齐写明出自何处，可治何种疾病，几乎涉及所有医典，有的甚至非常罕见，可见用功之深，研究之透，是一般医家不能望其项背的。这是留给我们后人的一笔非常重要的财富，医界有识之士已意识到这一点了。

上海中医学院医史馆收藏的祖父珍贵的文稿，是从我们家中流失的。当时抗战爆发，我家被迫逃难，雇用了一个叫"大老李"的民工，专门负责挑祖父遗稿，一路颠沛流离数月，大老李的工作是始终负责保管祖父文稿。这时祖父有一个弟子叫潘景郑，他生于苏州四大望族之一，国宝"大盂鼎"就是被他家收藏，后也是他们家族捐献国家的。潘景郑先生酷爱学术又酷爱我祖父，于是他收买了大老李，让他将祖父文稿偷偷卖给他，他嗜好于此。1949 年后他又将这些文稿分别捐赠给了他工作的上海图书馆及上海中医大学等，但他还是留下了一些他最珍爱的稿件，如一册《膏兰室札记》。这札记一共四册，是祖父在诂经精舍七年读书中做下的大量阅读札记，但第四册经大老李偷卖给潘先生了。"文革"结束后，古籍整理出版规划领导小组决定先出十个历史人物的全集，其中就包括祖父全集。于是祖母嘱我去上海见潘景郑，向他借《膏兰室札记》第四册，供出版全集使用。潘先生听了我话后，大谈祖父对他如何厚爱，他受祖父教诲如何之深刻，是他一辈子无以回报的，他矢口否认收藏了这册札记，说着说着两行浊泪从他布满皱纹的脸颊上淌了下来……我回家禀告祖母说："我们似乎冤枉了他。"祖母听了叹气说："你年轻不知世故也。"后祖父全集终于出版了，当然《膏兰室札记》少了一册。但潘先生去世不久，他的家人竟拿出了《膏兰室札记》第四册，当然不是捐给国家，更不是归还我家，而是公开参加拍卖，仅仅以六七万元卖掉了。但我还是很感激潘景郑先生，他毕竟将大多数"遗稿"捐给了国家，让我们今天有幸读到这些珍贵的文字。

祖父治医并不单纯从传统医学着手，他还十分注意从当时西方的文化中去汲取营养，他努力学习当时他能学到的一切西方科学知识，有天体演化学说、生物进化学说、细胞学说、粒子与元素学说等近代自然科学的一系列最新成果，还包括有解剖学、生物学、生理学等西方医学的新成就，并作了大量的札记。尤其他三次流亡日本期间，如饥似渴地阅读了他能读到的一切西方先进的科学成果，并将有些先进学说翻译到中国来。如他最早翻译了《斯宾塞文集》，把斯宾塞学说介绍到中国，又将日本岸本能武太著作翻译到中国，取名《社会学》，这是中国最早介绍社会学的著作，"社会学"一名也是由他命名的。祖父正是从世界范围来看各种文化问题，使他的学术在不少方面能走出中国传统文化的樊篱，能对一些古老的命题作出全新的阐释。他是当时社会能接受生物进化论，并用以诠释中国古籍中生物变异问题的极少数的杰出者。像他这样的中国近代第一代先进的中国人，并不都是泥古不化的木讷的呆板的迂腐的古董，也不都是一群头梳小辫、身穿大褂、不知世界为何物的怪物。反而今天的人太不了解过去了。

祖父第一篇关于医学的论作发表于 1910 年的《学林》杂志，叫《医术平议》，泛论了平脉篇、平六气篇、平方药篇，已经初步形成他对医学的基本看法。但是十年后，他在编印《章氏丛书》时，跟他女婿龚未生说：前有"医药著述"数篇，"亦未甚精"，"笔端必有五行六气字样，徒令人厌笑耳"，不可收入《丛书》。他虽于四十岁前后初步形成了他的医学观，从 1911 年他与钱玄同论医书信中，可窥他当时医学观已相当成系统，但他仍不断探索，不以为是。而真正形成较成熟的医学观大概在 1925 年前后，到 1935 年前后，则更成熟与精进了。

祖父在工作之余，还十分重视古医书收集，仅在 1914 年前后，就收集宋、明精本二三十部。当时他给汤国梨夫人信中说："平生之好，又在医学 …… 家中颇有医书二三十部，皆宋、明精本，数年搜求，远及日本，而后得之，望为我保持也。"到他晚年，共收集宋、元、明医书精本，已达七十多种，这让他得以博览医学之秘。试问，无论当时或今天，有几个医家有如此丰富收藏？

可是经抗日战争、解放战争与"文革"，他这些收藏已荡然无存了。历史就是这样分分合合，聚聚散散。

1921年至1927年，是祖父研究医学的黄金时期，这时护法运动失败，五四运动兴起，北伐战争刚始，国家处于南北对峙阶段，祖父已不是这个时代革命领头人和代言人，让他有了较充裕精力从事他酷爱的医学了。他完成了医学论文六十多篇，他选择了其中三十八篇，结集出版了他第一部医学著作叫《时病新论》，后改名为《猝病新论》。1958年人民卫生出版社又加重版，改名为《章太炎医论》。祖父医论涉及医理的商讨，医术的研究，病症的论述，医籍的考证，凡相脉论气，温寒暑湿，皆有讲说，参酌科学的眼光，兼融中西之说，融会贯通，有许多独到之见，将传统医学提高到一个新的高度。

1927年后，"北伐"成功，国民党定都南京，由"国共合作"到公开反共，大肆屠杀工农，消灭异己，在上海两次公开"通缉反动学阀"。祖父两次都在被"通缉"名单首位，不得不藏匿起来，被迫与时代隔绝。是时代让革命的先锋被迫退出历史舞台，让他一心救国的愿望彻底破灭，从而从"为良相"转而追求"则为良医"，去退守医人的最后一块阵地，去与他自幼所喜的医学为伍了。

从1927年到1936年，即祖父人生的最后十年，他完全与医学浑然一体了，他的许多重要医学论说都出自这个阶段。1927年中国医学院在上海创立，由中医界优秀的年轻辈王一仁、秦伯未、许半龙、严苍山、章次公等创办，他们公推祖父为首任院长，祖父虽身处逆境，但仍然毅然就任。不久，中医界先进人物徐衡之、陆渊雷、刘泗桥、章次公、章巨膺等又发起成立上海国医学院，公推祖父任院长，祖父又允任了，并亲撰"发凡起例"，声明要"一洗阴阳五行之说，欲以科学解释中医"。这是当时中国"第一所正式采取现代医学作为基础的中医学校"。1934年祖父由上海迁居苏州定居，被苏州国医学院聘请担任名誉院长兼研究院院长，祖父也欣然接受，并为该校师生定期作演讲和讲学，深受师生爱戴。他捍卫了祖国古老的医学，并力图赋予新的生命，竭精殚力培养中医人才，对祖国医学教育功不可没。正如章次公先生说："民族革命之导师余杭先生，亦即国医革新之导师！"

祖父喜欢医学，不仅喜研医理，也钻研医术，他虽不是医生，没有悬壶，但他会治病，爱为人开方疗疾。史书记载过他为邹容与孙中山都开过处方，他为其他亲戚朋友也治过病，他开药方从不超过八味，一般都在四五种药而已，常很有效。

人皆知祖父是革命家、文学家，但他也是一个国医

2018 年上海书展，上海人民出版社为我的《我所知道的祖父章太炎》举办签名售书活动。

大家，这一点知者寥寥矣，连研究章太炎的专家，在谈到他的医学时，都语焉不详，这是十分可惜的。要认识一个真正的章太炎，就不能不知道他跟医学的关系，以及在他医学方面的成就。章太炎的学问涉及多方面，但他最爱的是医学，这是他的家庭与出身决定的，不了解这一点，就无法真正了解一个真实完整的章太炎。祖父生前有人问他，你的学术涉及许多方面，你自己认为哪一个部分你最精通？他不加思索地说："我医学第一，小学第二。"人们以为他是自谦之词，其实这是他真心话，医学是他第一的爱好。

祖父的医学著作，散落在各种有关的报纸杂志中，这些报纸杂志又散落在各地院校图书馆中。我沿着他的生平，按图索骥，按他经历的年、月、日到处去搜寻，走访了诸多图书馆、博物馆、档案馆、纪念馆等，遍阅各报纸、杂志、书籍，历经六个寒暑，搜集到一百三十多篇他的医论，一一作了注释，其中有三十多篇是家藏的未刊稿，终于在1988年编就了《章太炎医论集》，又作了一篇三万多字的介绍祖父医学经历的《前言》。但是我毕竟是外行，标点工作我请了上海中医文献馆承担，由潘文奎先生领头校点，终于在1994年由上海人民出版社出版，作为当时《章太炎全集》的第八卷。

《章太炎医论集》出版后，引起社会很大反响，有人说"功德无量"，有人说"错误百出"。一次，一位国家卫生部中医局负责人见我说："这是一笔巨大财富啊，我们今天远远没有达到太炎先生水准！"有一次我买到了学苑出版社出的《章太炎先生论伤寒》，这是由伍悦、林霖两位先生根据我编的《章太炎医论集》将其中我祖父论张仲景《伤寒论》的论述，重新编排，专门编辑成一部祖父论《伤寒》的专著，认为祖父医学成就中以研究《伤寒论》为最，"文献之广阔，考证之精详，方法之纯熟，资料之丰赡，语语精彩，字字珠玑，启悟无穷，开示多多，至今鲜有出其右者"。这部书专门请了当代中国最著名中医文献学家钱超尘教授写了五万多字的《〈章太炎先生论伤寒〉释要》，附于书后。我读了这部书，尤其细细拜读了钱教授论文，惭愧得无地自容，原来祖父医学成就如此之高啊，他们才是真正读懂祖父医论的大家啊！我这个医学门外汉，充其量只是一个史学工作者，当年竟敢编祖父的医论集，实在是不知天高地厚，如今想想实在后怕呀！

一般人论章太炎学术，都会忽略他的医学经历与成就，但我却将他的医学列为第一章节，这样的与众不同。

二、小学

祖父是当世无愧也是最没有争议的国学大师，他的学问涉及领域颇多，但成就最大的要算是小学。今人已不知什么叫小学了，认为如今大学与大学生都多如牛毛，小学有何稀罕？这实在是今人的浅薄。

古人读书，首先要读四书，后读五经等等。要读书必要了解文字、音韵、训诂，古人便把这音韵、文字、训诂之学称之为小学，这是治学的基础。祖父将小学称作"语言文字学"。只有懂得了每个字的音、形、义，才能读懂群经。

人类创造文化，在形成文字前，先是通过语言来交流思想，音韵先于文字，因此了解文字的音、形、义的关系是治学的基础。祖父治小学，"不欲为王菉友辈滞于形体"，而是强调通音韵、明训诂、辨形体。他研读二徐《说文》七十余遍，对九千多字的音、形、义了然于胸，卓然见语言文字之本，所以他治经，比一般人有更多的收获，水准超越了一般人的见解。今天我们为什么读不懂古籍，因为不识字，不知它的音、形、义关系，更不知文字的转注、假借等关系，因此当时"白话"的文告如《尚书》，今人读起来如读天书。而祖父则是语言文字学大师，他深化了古人"因声求义"的传统方法，开创了在音义系统基础上的汉语词源学。

中国传统的小学，经千余年的精炼，到清代则达到了鼎盛时期，而祖父继承了清代治小学的乾嘉学派，成为最正宗的最后一位小学大师，给中国传统的经学作了最后的总结。祖父的启蒙老师是他的父亲章濬和外祖父朱有虔，尤其他的外祖父给他灌输了许多民族主义思想，后又从学俞樾、黄以周、孙诒让、谭献，这些老师又直接继承了乾嘉江永、戴震、段玉裁、王念孙、王引之的学说，也继承了"博学于文，行己有耻"的准则，治学讲究"明道救世"，讲求"实事求是"，注重"厚植根基"这些传统。这些先辈的治小学与经学，是用来保护民族意识，以警醒国人，反对民族压迫，抵制文化专制。祖这是太炎先生重要著作《新方言》原稿，写得认真细致，一丝不苟。他其他重要著作的稿本，也大体都如此，清清楚楚，异常认真，字如其人也。

父身上体现的学术研究与爱国思想的结合精神，正是来自这些先辈的精神熏陶。

祖父治小学并没有停留在古人基础上，而是积极汲取西方文字学研究成果，特别接受了德国马格斯牟拉学说，致力于建立起具有本民族特色的语言文字学，将传统小学变为一门独立的有条理系统的现代语言文字学。在这方面他有三部代表作：即《文始》《小学答问》《新方言》。他说："作《文始》以明语原；次《小学答问》以见本字；述《新方言》以一萌俗。"在他以前，还没有人这样全面而系统地谈论过，也使传统小学摆脱了经学的附庸地位，成为一门独立的学说。

祖父深厚的小学功底，使他研究经学、诸子学、史学、文学、哲学、佛学、医学能有更多的发现，获得更多真知灼见，奠定了他不可动摇的国学大师地位。他又将语言文字学作为国粹，"以国粹激动种性，增进爱国热肠"，他又将国粹弘扬为国学，以中华文化，增进爱国信念，培养国民道德，从精神层面救国图强，以创建新型民族文化。这就是他区别于一般的专家学者的地方，所以他既是国学大师，又是革命大家，正如鲁迅所说，太炎先生是"有学问的革命家"。这样一身兼两任的人是不可多得的。

众所周知，秦统一六国后，做了件非常了不起的事情，就是统一了中国文字。后来许慎作《说文解字》，"今叙篆文，合以古籀"，集九千多字"分别部居，不相杂厕"，分门别类地统摄在五百四十部首之内，成为治学的必经之路。《说文》经历代学者疏证，成为一门专门的学问。祖父最擅长的就是小学，前文我述祖父研读《说文》七十余遍，也研读了历代学者对《说文》的注疏，从而有了扎实的治学根底。他培养弟子，无论早年在日本办章氏国学讲习会，还是晚年在苏州办章氏国学讲习会，首先讲的都是《说文解字》。尤其他早年在日本，曾多次跟学生详讲了《说文解字》，是一字一句地详讲，听过他讲《说文》的弟子有一百多人，而最著名的要算在《民报》社为钱玄同、朱逷先（希祖）、许寿裳、龚未生、钱家治、朱蓬仙、鲁迅、周作人八人所作的讲学。

当时是祖父精力最充沛斗志最昂扬的时期，一次讲课往往三四个小时，滔滔不绝。他逐字逐句讲解，"或则阐明语原，或则推见本字，或则旁证以各处方言，以故新谊创见，层出不穷"，而弟子们则认真听讲，认真笔记。下课后，弟子们又相互核对笔记，这种认真教学的态度，和认真学习的精神，构成了中国知识分子认真治学的典范。

祖父在日本期间讲学的内容十分宽泛，讲过《汉书》

《文心雕龙》《毛诗》《文史通义》《庄子》《楚辞》等等，但《说文》是必先讲的。一般他总会先讲《六书音韵表》《说文序》，然后讲《说文》，最后会再讲《尔雅义疏》《广雅疏证》，构成一个完整的系统。而讲《说文》往往要讲二十讲左右，在《民报》社为八个弟子讲《说文》，就讲了十九次。

"文革"结束后，我参加了《章太炎全集》的整理出版工作，我完全不知道祖父学说的艰难，编辑出版整理工作的艰辛，带了一股"被解放"的热情投入这项工作中去。一次在鲁迅纪念馆展览厅中我见到了鲁迅听《说文》的一页笔记，我欣喜极了，从此开始搜寻鲁迅及其他人的笔记。这过程是漫长与艰难的。纪念馆、图书馆、档案馆往往是森严封闭的，何况我是一个无名无权无钱的小卒，多半是碰壁与遭到白眼。但是，我也遇到了一些极好极好的好人。第一个是上海文化局原局长兼上海文管会的老领导方行先生，他是一个极懂文化极爱文史研究的老领导，是他帮我弄到了鲁迅的听课笔记，这是分别保存在两个纪念馆中的藏品，并用我的名义请上海博物馆用柯罗版原样精印了二百册，取名《鲁迅先生说文札记》，作为珍贵礼品分赠海内外友好。第二位好人是钱玄同的大公子钱秉雄先生夫妇，我冒昧地拜访他们，他们很热情和蔼地接待了我，听了我请求后，他们竟二话不说，将钱玄同先生十五册听课笔记交给了我，他们再三歉意地说："抄家发还时少了一册，请编入全集吧！"他们什么要求都没有提，连个收条也没有要，以极信任的眼光将这堆珍贵资料交给了我，让我见识了一个大家子弟的风范、大气和敦厚的家风家教，他俩的善良眼光让我至今无法忘怀。第三个好人是陆宗达教授，他是我祖父的再传弟子，他把我看成自己的孩子，当我提出二套笔记我无水准整理，能否请他整理时，他二话不说，把任务接了过去，当时他年事已高，但他视使命如生命。第二年他去世后，又将沉重的整理工作交给了他弟子王宁教授，王宁教授又邀请同门万献初先生、李国英先生、李运富先生、梁天俊先生及自己多名研究生，花了十多年心血，整理出版洋洋洒洒大十六开六百多页的《章太炎说文解字授课笔记》，忠实记录了祖父逐字逐句对《说文》的解释，记录了钱玄同、朱逷先、鲁迅三人的笔记，成为一部清代以来讲解《说文》最详尽最权威的研究语言文字的专著，凝聚了章门五代人的努力，成了一段学术界的佳话，也成了祖父研究小学、传播小学的佳话。

1932 年后，日本加紧了侵华步伐，东北沦陷后，华北又告急，国有沦亡之虞，他愤而大书"吴其为沼乎"！然后以他最擅长的书体书写了四大册小篆《千字文》。小篆是秦时法定的文字，但经历了数千年的演变，已经变

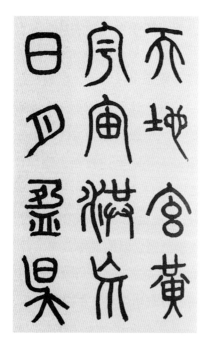

太炎先生晚年忧文化与文字沦丧，特用他最擅长的小篆书写了《千字文》，装订为四册，让后代识字知史，被学术界认定无一错字，起到厘正书体的作用。

得很不正宗了，所以他要加以厘正，让孩子不忘我们的历史，不忘国家的文字。1986 年，在他去世五十周年之际，我将这四册小篆，交上海书画出版社出版。出版后我分送亲属友好，也送了周谷城先生一册。周谷老获书后十分兴奋。据李夫人告诉我："谷老一连三天一声不吭，却忙忙碌碌，夜晚也起来多次，一直在查看资料，不知在忙什么。"数天后，我见到谷老。他说，看了《章太炎篆书千字文》后，我发现我们平时写的篆书，与太炎先生有十七八处不同，这究竟是我们写错了，还是太炎先生写错了，这让我太吃惊了，于是我一处处查究，最后发觉太炎先生写的全是对的，太炎先生真正是小学大师啊！是的，每个文字都是有来历的，不是可以任意拼凑的。而如今的那些"书法家"，只知写字，不知小学，任意造字，写的书法不要说今人看不懂，古人也看不懂，真是可笑极了。我们天天说弘扬传统，却根本不懂传统，天天在装阿Q，多可怕啊！

祖父在学术上的成就是多方面的，那么，哪方面是他最擅长的呢？他的一个弟子周作人曾说过："先生的主要成就在小学。"周作人是祖父弟子中最不光彩的一个，当过汉奸，也曾对太炎先生很不恭，但他说得对的地方，我们不能因人废言。我认为"小学"确是祖父学术中最杰出部分，今人不要误以为"小学"是容易的学问！

三、经学

前文已述，祖父最喜爱的是医学，他最擅长的是小学，而他最精研的是经学，所以多数人称他"国学大师"，也有人称他"经学大师"，他为中国古老的经学作了系统的总结，为二千年的传统经学画上了一个圆满的句号，从而开启了一个新的学术文化时代，他就是这新老时代交替的承上启下的人物。

经学是儒家文化的通称，汉代有六经之称，即《诗经》《尚书》《周礼》《乐经》《周易》《春秋》，唐代演变成九经，宋代衍变成十三经，包括《周易》《尚书》《诗经》《周礼》《仪礼》《礼记》《左传》《公羊传》《榖梁传》《论语》《孝经》《尔雅》《孟子》，而注疏这些经典的著作，则繁如牛毛。治经学又分古文经学与今文经学，古文经学重名物训诂考证，今文经学重微言大义好发挥创新。古代今古文有他们争论的内涵，现代今古文有他们新的争论内涵，祖父是古文经学派的代表。经学也是对儒学的统称，祖父代表的经学，又是对史学的统称，所谓"六经皆史"。他提倡的"读经"，实是说"读史"，要心中有史，要牢记一国之史，这是爱国之源。

祖父的治经与一般人一样，从小从读五经开始，做他启蒙老师的是他的外祖父、父亲、长兄，他们给了他很系统的传统教育，打下了很坚实的文化基础。后他赴杭州入诂经精舍，在这最有名望的书院深造近八年，跟随了一代名流俞樾、黄以周、谭献、高学治等治学，这些名师都是清代乾嘉学派最正宗的继承者，所以祖父接受了更为严格的朴学训练。在这基础上，祖父在十七八岁，就通读了《学海堂经解》，这是自清初至道光解经著作一百八十八种，后又通读了《南菁书院经解》，这是补充了《学海堂经解》二百零九种，使他对清代朴学有了全面的了解，从而撰写了《清儒》一作，对清代学术流派及其演变作出了高度概括，作出了准确精要的总结，成长为一名公认的青年汉学家。

在诂经精舍学习期间，他完成了两部巨作。一是作了四册札记，记录他广泛阅读经史的体会，这就是《膏兰室札记》；二是研究《春秋左传》的五十多万字的专著，取名《春秋左传读》。从现存的三册《膏兰室札记》看，有考释诸子的三百五十多条，考释经书的八十多条，考察史书、韵书、纬书四十多条。在考释诸子各条中，有关《管子》的有一百十五条，《墨子》的四十一条，而《荀子》的考释仅八条，恐更多的《荀子》考释是在潘景郑私藏的一册《膏兰室札记》之中。由于祖父在古文字音韵及古文献研究上的扎实基础，即小学方面的超人功力，也决定了他有超越前人的考释成果，他以后许多重要著作，都来自这期间刻苦研究形成的诸多学术见解，奠定了扎实的创作基础。

《春秋左传读》是祖父早年第一部著作，他对《左传》的作者，成书的年代，传授的系统，以及《左传》与《公羊传》《穀梁传》之间的关系，作了详细考证，从而驳斥了康有为这些今文经学派说的《左传》是汉代刘歆伪造的逻辑。在这基础上，他以后又写出了《春秋左传读叙录》《驳箴膏肓评》《砭左氏春秋考证》。三十年后，祖父又撰写了《春秋左氏疑义答问》，对《春秋》这部经典，毕三十年之功力，终于使之可读可解。这是他对经学研究的贡献。

到了祖父晚年，他又集中精力研究了《论语》与《古文尚书》，先后完成了《广论语骈枝》与《太史公古文尚书说》《古文尚书拾遗》《古文尚书拾遗定本》。

《论语》是经学中很重要的一部文献，但《论语》有古论、齐论、鲁论之别，祖父发现"鲁论文或难晓，盖多因古文真本；齐师则有所改定者"，其后马融宗古文，郑玄也宗马融的古文，而以往注疏忽略于此，于是他遂考释补充了四十多则。

《尚书》是商周时期文献集编，这部文献"最残缺难理"。但自从洛阳发现了《三体石经》残碑，"发见古文真迹，以校枚氏《尧典》多相应"，让他大为兴奋，加上他弟子吴承仕得到了敦煌所得《尧典释文》，从而写了《新出三体石经考》。以重新考释《尚书》，在揭露伪《古文尚书》同时，仔细恢复《古文尚书》的本来面貌。由于他文字学、音韵学方面的深厚功底，利用了洛阳新发现《三体石经》新证据，结合对古代文献的精密研究，他对《古文尚书》文字校勘、经义考释，都有了更多发现。在他去世前最后岁月，每天整理《古文尚书拾遗》，共增补一百七十多条，成《古文尚书拾遗定本》，是他一生的最后一本著作。他说：以《尔雅》释《尚书》，"十

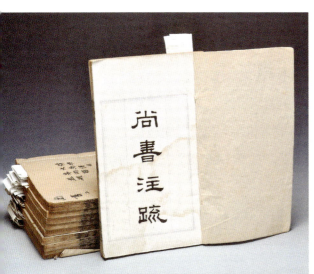

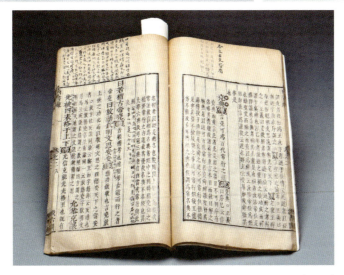

太炎先生晚年从友人处得到新出土的三体石经拓片，让他对《尚书》有了许多新见，从而完成多部新著。他还为弟子系统地讲演《尚书》，留下了一部有许多批注的《尚书》，也夹有学生的记录。这部重要的未刊稿共十册。2022年我捐赠给了余杭，收藏于章太炎故居纪念馆。

可得其七八"，"王引之《经义述闻》解《尚书》近百条"，"孙诒让作《尚书骈枝》亦有六七十条"，但他自觉经他努力，"加上他的《古文尚书拾遗》近百条"，三家合，《尚书》终于可读通百分之八九十了，胜于清代诸儒，对此他很自负，非常得意，这是他对经学的又一重大贡献。所以他被誉为"国学大师"或"经学大师"，是当之无愧的。

祖父晚年又一次创办"章氏国学讲习会"，系统传授国学，在他岁月的最后半年，他重点讲的是《古文尚书》，先后讲了《尚书略说》《书序》，然后逐字逐句讲了《尚书》二十九篇，先后用了四个月光景。弟子都逐字逐句作了记录，课后又相互校对笔记，情景如同早年在日本讲《说文解字》，弟子钱玄同与鲁迅等核对笔记的一幕再现。据姚奠中先生说，他据听课笔记与祖父《太史公古文尚书说》及《古文尚书拾遗定本》，再参阅了江声的《尚书集注音疏》、孙星衍的《尚书今古文注疏》，夜以继日地工作，终于整理出一部三十多万字的《古文尚书讲疏》。但是这部手稿在抗战流离途中失去了，非常可惜。

好在其他弟子笔记尚存，王仲荦先生将他笔记交给了我，厚厚的三大册笔记，简直就是一部完整的作品，也像一部艺术品，一字不苟，足见这些弟子的基本功是如此扎实。我又将这些笔记收录到我整理出版的《章太炎演讲集》中。以后上海人民出版社出《章太炎全集》，我将《章太炎演讲集》作了充实，编入了《全集》。祖父在讲《尚书》时，是依据他点校批注的十册《古文尚书》而讲的，这部批注本当然是一部重要的文献了，我曾想把它整理出来，但自感水平实在不够，而作罢了。这时，我看到中华书局2013年出版的诸祖耿先生听先祖父讲《尚书》的笔记，定名为《太炎先生尚书说》，内容与王仲荦先生的笔记几乎完全一致。于是我将诸祖耿先生整理的《太炎先生尚书说》取代了我整理的笔记，因为他的点校水准比我高得多了。

祖父是古文经学家，他的许多著述看来是对今文经学的驳难，似乎是学术之争，其实不然。清末民初的政治斗争，很多是通过学术来表达的。当时康有为、梁启超所代表的改革派与保皇派，借用"三世"说，作《新学伪经考》，将《周礼》都说成是刘歆一伙为王莽篡权而制作的，是孔子"托古改制"，这是康、梁对传统儒学的一次全面颠覆，为他们维新运动提供学术依据。康有为从汉代今文经学和谶纬学说中借取了儒学中曾盛极一时的神秘主义，想用这些资源将孔子宗教化，提倡建立孔教会。康有为明显地是以今文经学立场，表现为功利、主观、实用。祖父则站在古文经学立场，以较实事求是的态度，写了《儒术真论》《视天论》《菌说》《今古文辨义》《订孔》等一系列文章加以批驳。他大量运用西方近代自然科学研究最新学说，驳斥了康有为将孔子神圣化的理论。这在当时中国经二千年封建社会养成的独尊孔子思维模式，无疑是大胆的造反。他打掉了清代公羊学特别是康有为给孔子加上的神圣光环，将孔子从神还原为人，从圣人还原为一个凡人。还指出孔子学说及儒教给人的最大危害是让人为功名利禄而营生，这是对传统思维的大反动，从而给人给社会带来了思想大解放，为辛亥革命，为推翻二千年帝制奠定了思想基础，不仅影响当时的一代，甚至影响了五四运动，成为思想解放的先驱。

祖父反孔表面看来是站在古文经学立场反对今文经学任意篡改历史的学术之争，实际是为当时政治斗争服务的。他特别推崇九流中的老子、庄子、荀子、墨子等诸子，他说诸子从任何角度来看都比孔子高明，因此不应该独尊孔子。他写的《论诸子学》等著作，指出，儒家最大弊病是推崇"书中自有千钟粟"，追求富贵利禄、堵塞人之思想，"故艰苦卓厉者绝无"，而诸子百家则有许多卓行，只是被埋没了二千年了。祖父这些言论在当时是惊世骇俗的，对当时社会的影响是巨大深远的，许多先进的中国人，就是接受了他的影响走上反清的民主革命道路。

今天，说起经学，好像是深奥、神秘、古老、遥远、落后、封建、迷信的代名词，这个陪伴我们祖先走过二千年的经学，绝对不是一堆垃圾，但也不是万试万灵的灵丹妙药，它有精华，构筑了我们的文化与历史，也有糟粕，承载了太多迷信与落后。历代统治阶级尊孔尊儒或反孔反儒，都有他的政治算计，大抵没落与危亡之际，都会祭出尊孔尊儒的大旗。祖父早年为推翻没落腐朽的清王朝，激而反孔，推倒二千年来的传统枷锁，提倡思想解放，利用经学反对经学，痛斥保皇派。而到了晚年，他目睹全盘西化，西学大有吞食传统文化与历史之虞，加上日本侵华国有沦丧之危，他又大声呼喊"读经有百利无一害"，提倡读经。因此遭到人们批判，认为他落伍了，向封建文化妥协了。

其实，祖父说的经，就是指史，他素来提倡"六经皆史"，指出只要历史不亡，国也不亡，倘若国家遭不幸，但只要人们心中不忘国史，国终能复。他从反对传统到抢救传统，他从反对读经到尊孔读经，不是一句"倒退"与"落后"可以解释的，这是与我们国家坎坷遭遇分不开的。

四、佛学

如果说祖父最心仪的是医学，最擅长的是小学，最精通的是经学，那么他最出色的是通晓佛学，能以佛学解经，构筑起他庞博恢弘的哲学体系。

梁启超说："晚清所谓新学家者，殆无一不与佛学有关系。"这里说的佛学，并不是烧香拜佛的宗教迷信，而是取佛法的义理。赵朴初先生在他的《佛教常识答问》中说："一些民主思想启蒙运动者，如谭嗣同、康有为、梁启超、章太炎等学术名流，都采取了佛教中一部分教理来作他们的思想武器，佛教的慈悲、平等、无我、无常的思想，在当时的知识界中起了启发和鼓舞的作用。"近代著名学者李泽厚先生认为："中国近代资产阶级革命时期，真正具有哲学上的思辨兴趣和独创性，企图综合古今中外铸冶严格意义上的哲学体系的，只有谭嗣同和章太炎两人。"而谭嗣同过早地牺牲了，这任务便落在我祖父身上了。

1903 年，三十六岁的章太炎因"苏报案"入狱，苦役之余，寂困之中，他读书自遣，始读佛经，以排遣心中忿懑，"专修慈氏世亲之书"，"晨夜研诵，乃悟大乘法义"。他主要读的是大乘教义的《瑜伽师地论》《因明论》《唯识论》等典籍。他将佛学与儒学、玄学、西学一一相较，发现华严宗与法相宗，和他所研的朴学十分相似。朴学注重烦难的名物训诂考据，与唯识宗思辨精细如一，他说，"此一术也，以分析名相始，以排遣名相终，从入之途，与平生朴学相似"，因此感到佛学中未尝没有可资利用之处，于是研究佛学一发不可收拾，成为终身之好。

1906年7月，祖父结束三年西牢，流亡日本，他立刻将佛学作为武器投入了推翻清王朝的斗争。他将佛教视作可以为资产阶级革命服务的工具。他在二千多中国留学生欢迎他的大会上宣布：中国的祸根，在于道德的败坏，从戊戌变法到自立军失败，皆因"党人之不道德致之也，而佛教有助于增进国民道德"，有助于民族主义和民生主义的实行，可以使革命者"排除生死，旁若无人，布衣麻鞋，径行独往，上无政党猥贱之操，下作懦夫奋矜之气"。他又说，反清革命，佛所赞许，因为"佛最恨君权，大乘戒律所说'国王暴君，菩萨有权，应当废黜'，又说：'杀了一人，能救众人，这就是菩萨行'"。祖父又称："佛教最重平等，所以妨碍平等的东西必要除去。满洲政府待我汉人种种不平等，岂不应该攘逐。"因此"照佛教说，逐满复汉，正是分内的事"。这些理论与逻辑，就是祖父的核心思想，即"用宗教发起信心，增进国民道德"。

祖父一直希望建立一种"新宗教"，这种新宗教既不是孔教，也不是基督教，而是以佛教中的华严与法相二宗为核心的新教。因为他认为"孔教最大的污点，是使人不脱富贵利禄"，断不可用；基督教叫人崇拜上帝，即要人崇拜西帝，是西方帝国主义用以侵略我民族的工具，也不可用；而佛教中华严与法相二宗，在道德上与人最为有益。他提倡的实际是一种"人间佛教"，他反对佛教中的密宗和净土宗，他重视的是有哲学内涵的佛学，而不是佛教的形式。他推崇华严宗与法相宗，因为华严宗是指以"一即一切，一切即一"，与庄子的"万物与我为一"相合，在行为上提倡菩萨行，用菩萨精神来鼓舞民气和革命宗旨与道德最为有益，而法相宗的唯识之学，与朴学不尚空言相合，在思辨上科学性强，有助于增加传统文化优势，有利于抵御西方文化的冲击。说到底，祖父的佛学观，只是借用佛教若干现成的东西，来构筑自己的思想体系，以适应现实斗争的需要而已。为此祖父真没有在佛学上少下功夫，他读了佛家许许多多经典，为了直接阅读印度佛经，他还学习梵文，还想建立梵文书库，甚至还想去印度当和尚。在这期间，他还撰写了许多这方面论著，可是过去理解他用意、欣赏他思想的人，可以说寥寥无几，真可谓和者甚寡。

祖父一直认为，"不造出一种舆论，到底不能拯救世人"，于是他借用中国传统的儒、佛、道来构筑自己的思想体系，他将自己多年对儒家学说的研究及对佛学思想的研究，去与庄子哲学结合，开创了以佛释庄，完成了对庄子名篇《齐物论》的解释。齐物论，即对自由平等的论述，他以佛学思想与庄子思想相结合，写作了《齐物论释》。对此他甚自傲，谓"千载之秘，睹于一曙"，使庄子五千言，字字可解，"可谓一字千金"，"千六百年来未有等匹"。梁启超说："专引佛家法相宗学说比附庄旨，可谓石破天惊。"

辛亥革命后，祖父因反对袁世凯称帝，又一次失去自由，被袁世凯幽禁三年。在失去自由的日子里，他又一次广泛阅读佛经，并与弟子吴承仕深入讨论佛学的真谛。吴承仕将祖父研究心得一一记录下来，成专著《菿汉微言》，共记录祖父心得体会一百六十七则，而讨论佛学的则达近百条。他开始将《易经》与《论语》融入到他的佛学之中，他发现自己的遭遇与被纣王囚禁而演八卦的文王相似，也体会到身处乱世而作《论语》的孔子的心境，认识到《易经》与《论语》和佛经有许多相通之处，有了许多新的体会，于是他将儒、道、佛融于一，说文王、孔子、老子、庄子"冥会华梵，皆大乘菩萨也"。对此祖父自认为"始则转俗成真，终乃回真向俗"，使他的佛学观又进入了一个新的阶段。

祖父一生作过许多演讲，不乏佛学演讲，多达几十次，我将这些演讲收入到他的《演讲集》中，希望这些演讲能得到知音，可惜反应冷淡。因为今天不要说一般人不懂佛学，连不少和尚也不念佛经了，在中国盛行了

太炎先生用过的眼镜。

千年的佛教文化已归于末途了。祖父生前留下最多的遗墨是关于佛学的，有厚厚一尺多高的一大包，一直也没人整理而躺在家中。1980年后，国家决定出版《章太炎全集》，上海人民出版社和有关专家纷纷来我家整理资料，拍照存档。当时大家都见过这包佛学手稿。然后每天将一大堆遗稿搬出来供大家阅读拍照，然后又搬进、又搬出……我们家太大，人又太少，无人陪伴他们拍照与研究，终于有一天这包佛学手稿不翼而飞了，再也找不到了。以后听说在日本发现了这些手稿，不知是真是假，我想这也许是这些手稿的宿命，它们找到了知音，去了它们想去的地方了。

讲到佛学，大家都认为是消极的东西，章太炎酷爱佛学，好像也不值得赞颂，其实这大错特错了。祖父绝对给佛学赋予了新生命，尤其在辛亥革命前后。他认为革命能否成功，关键是革命者的私德，"优于私德者亦必优于公德，薄于私德者亦必薄于公德，而无道德者之不能革命"。他又认为，中国的祸根在于道德的败坏，谓"道德衰亡，诚亡国灭种之根极"。于是他借助佛学中的精华，致力于国民性改造，创革命道德学说，将神学变为人学，用于民主革命，这在 20 世纪初是很进步的，古今中外优秀的政治家思想家革命家也无不如此。他在革命派的机关报《民报》上发表了《建立宗教论》《人无我论》《无神论》等文章，提出要破"我""法"二执，创"无我"，以抵御"畏死心、拜金心、奴隶心、退屈心"，建立一种"依自不依他"的主观唯心世界观，高扬革命者的道德。他说："华严宗所说，要普度众生，头目脑髓，都可以施舍与人……法相宗所说，就是万法唯心，一切有形的色相，无形的法尘，总是幻见幻想，并非实在其有……要有这种信仰，才得勇猛无畏，众志成城，方可干得事来。"所以一个革命者必须去除"怯懦心、浮华心、猥贱心、诈伪心"，方可完成革命大业。佛教的"不执一己为我，因以众生为我，一切从利益众生为念"，有助于养成革命者的无私无畏的牺牲精神，摆脱物欲，献身革命，"排除生死，旁若无人，布衣麻鞋，径行独往，上无政党猥贱之操，下作懦夫奋矜之气"。祖父就是如此地从佛学中提炼出革命所需的思想与理论，与革命实践相结合，为革命提供理论与哲学，可谓用心良苦。他说宗教与革命的关系，"譬如一碗干麦子，怎么能团得成面"，那么，这宗教就是水。他这样的思想与学说，与宗教迷信是毫无关系的，而无论当时与如今，他的同志或后人，却大多不理解这点，反批评他在《民报》大讲"干燥无味之佛学"，这恰恰是以自己的无知去批评别人的"无知"，这才是真正的无知哪！

　　的确，祖父有点过分强调道德的重要性，这是他们这一代的局限性。但中国共产党在夺取政权时，毛泽东也高举过纪念张思德的道德旗帜，刘少奇也写过《论共产党员的修养》，也重视过道德的重要性，乃至今天"反腐"，也是想恢复革命者的道德。祖父不仅是道德的提倡者，也是模范的执行者，始终站在道德的制高点，这是很不容易的。他不是高唱"高论"，拿了革命"标准"与"道德"只去苛求别人。他从未接受外国政府"津贴"，也没有领过国内外财阀任何的"资助"，乐于清贫，甘于寂苦。马叙伦回忆说：他在日本流亡期间，与女儿女婿四人同居在"东京一乡间，里外不过十多张席子的地方"，午饭"只有一碗大蒜煎豆腐"，有时连这点菜也没有，只好蘸点盐食饭。黄季刚回忆说：祖父"寓庐至数月不举火，日以百钱市麦饼以自度，衣被三年不浣，困厄如此，而德操弥厉"，这才是革命者的真实写照。真正革命者当时都是很穷的，陈天华因穷而跳海自杀，祖父因办《民报》被日本政府罚款一百五十元，因缴不出罚款，祖父只好"每天去做苦役"，一天抵一元罚款。最后是鲁迅将他一笔稿费去代祖父缴了罚款才结束了苦役。祖父一生坚守"一夫一妻"，没有三妻四妾，更没有无数"绯闻"，而这些"绯闻"，在有些人眼里竟只不过是"小节"，可见他们的道德标准已低而又低了。

在一百年前的中国，外临列强蚕食，内遭清政府堕落，祖父深感"世事纷纭，人民涂炭，不造出一种舆论，到底不能拯救世人"。于是他利用佛法平等论，大声疾呼，民族与民族应该平等，国家与国家应该平等，人与人应该平等，文化与文化应该平等，如果一个民族去压迫另一个民族，一个国家去吞并另一个国家，一个人去欺负另一个人，一种文化去取代另一种文化，一种意志去强加于另一种意志，如此种种，都是不齐，都有违平等，佛法不容。

他说："世界法中，不过平等二字，庄子唤作'齐物'，并不是说人类平等，众生平等，是要把善恶是非的见，一切打破，才是平等。"他研究了庄子的《齐物论》，他说庄子所说的平等，并非俗言所说的平等，而是一种无限的平等，这种平等，就是要"不齐而齐"，就是要破"我""法"二执，先破名言，名言破了，是非善恶就不能成立了。不仅要打破名言，还要把所谓的"公理""天理"打破，把千年来强加于民的"条条框框及各种规矩"打破，如宋明理学，就是"锢情灭性"，以"天理杀人"，"天理之束缚人甚于法律，而公理之束缚人，又甚于天理矣"，应该让"物畅其性，各安其所"，这才符合佛学平等的宗旨。

祖父以《齐物论》中"尧伐三子"为例说，世上本没有什么陋与不陋之别，尧欲伐三子，理由是他们"蓬艾"即"至陋"，这仅仅是一个借口而已。祖父说："世上许多野心家，不论东洋西洋，没有一个不把文明野蛮的见，横在心里。……以至怀兽心的强国，有意要吞弱国，不说贪他的土地，反说那国本来野蛮，我今灭了那国，正是使那国的人民获得文明幸福，这正是'尧伐三子'的口柄。"所以我们要打破文明野蛮的见，"那么怀兽心的人，到底不得不把本心说出，自然没有人去从他"。祖父利用佛学平等论以释庄子，制造出反对强国侵凌小国，反对帝国主义的强权政治，造就一种反对侵略的理论，无论在当时，乃至今天，都是具有深远意义的。

祖父又进一步说，一个世界应该是多元的，就如庄子所说，"无物不然，无物不可"，这逻辑与黑格尔"'事

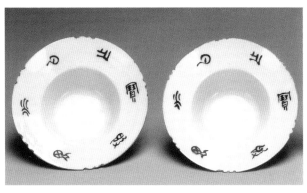

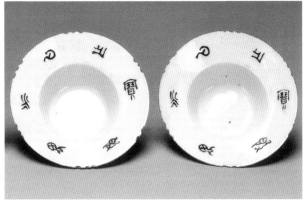

太炎先生自用金文吉语六字茶托。

事皆合理，物物皆善美'，词义相同"，这与黑格尔"凡
是现实的都是合理的，凡是合理的都是现实的"命题有
着许多相合之处，由此可见，没有东西没有存在的理由。
祖父就是以这逻辑反对用某一固定的模式或永恒的教条，
来规定社会生活与社会发展，反对将事物发展简单化、
直线化、教条化，提倡以对立统一的观点来对待历史上

或现今各式各样思潮、学派、学说，应包容各种思想、意见、言论，允许不同的学术、思想、学说并存，并鼓励相互竞争，无论它们怎么存在，应各从其志，不要过分指摘，只要"操齐物以解纷，明天倪以为量"，在"齐物"和"天倪"的"裁量""割制"之下，莫不"孙顺"，这样才能真正"平等自由"，合"不齐而齐"的境界。

祖父很自负地说，他是真正读懂了庄子《齐物论》的本意，并让庄子与佛学相结合，找到了"循齐物之妙义、任蘡蚗之各适"的真理。按此逻辑，每一民族的文化，都具有自己的特殊性格，不必也不应与别种文化同化，一种文化不必臣服于另一种文化，应站在平等的地位上进行交流。要以中国文化或西方文化统摄一切，是文化帝国主义，都有违平等。同样，以为别国行得通的好制度，搬到本国来也一样行得通，像一剂良药，既可医他，必可医我，这都是荒谬的，都有违齐物说，也有违佛教平等说。这是祖父在强大的西方文明冲击之下，寻求中国文化独立自主的主体，企图保存自己国家的特性，做出的巨大努力，也是为中国民主革命，提供了一种新的异常宏伟丰富的世界观。

祖父对佛学有如此深刻研究，但我们家里从未供奉过一尊佛，也从来不烧香拜佛，他只是"将古今中外学术糅合而成一家之言，对于极大极微的宇宙、人生、社会问题，表现出自我横冲的独行孤见"。正如侯外庐先生所言，祖父是中国近世"第一个博学深思的人"，成为中国思想史上具有极为鲜明的"人格性的创造"的寥寥可数的几位巨匠之一，他的佛学思想不仅对当时，直到今日，都具有启迪作用，尤其对于建设有中国特色社会主义的今天，对于如何实现民族振兴，依然是一笔思想文化的财富。可惜今天人们越来越不知道我们曾经拥有过一个博学深思的章太炎，连学者也鲜少涉猎章太炎，因为研究章太炎的思想、学术、政治要比研究一般历史人物多付出数倍的精力，所以有功力的大作品也越来越少了。

五、哲学、文学、史学与书法

祖父一生治学范围很广，除了上述的医学、小学、经学、佛学以外，至少还有哲学、文学、史学、书法等方面的造诣，他一生用功之深，猎涉之广，足让今人叹为观止。他治学晨夕无间，为思索一个问题，他常常会半夜起来，走到书房，发愤用功，而常常冻坏身子，到了痴的程度。而现代人，生活内容之广，文艺生活之丰，也足令古人叹为观止，所以今人钻研程度远不及前人了，也很难理解古人学问为什么这么渊博。

在此，我想就祖父哲学、文学、史学、书法成就略作论述。

哲学

祖父所处的时代，人们最关注的是中国社会与文化秩序的重构，面对传统的解体，西方"文明"的大肆入侵，中国的主体性如何维持？中国的现代化是否就是简单的西化？中国应该向西方学些什么？又该怎么保存传统？在资本主义气势汹汹地向全球入侵之际，西方文明是否成了东方人必须接受的价值规律？还是我们应该走有中国特色的道路……这是每个革命者与思想家必须思考的哲学命题。

当时最时髦的就是达尔文的"进化论"，认为人与社会一样，都有着同样的进化规律，祖父早年也确实很服膺"进化论"。但经历了三年牢狱生活，他晨夜冥思，苦读佛经，对照人生、社会、文明、宇宙一系列重大问题，有了许多新的感悟。出狱到日本后，他又如饥似渴地阅读了当时各种西方哲学、社会学、人类学、考古学、民俗学、经济学、自然科学等的经典著作，大大丰富了他的学识，从而对照古今中外现实，有了许多新见。

国内有位学者叫王玉华，他从读硕读博到大学任教，先后用了十六年时间研究章太炎的思想，写了一本近五十万字专著，他发现章太炎与同时代的文化巨人如康有为、严复相比较，康与严的思想方式是"一元的"，而章太炎的思想属于"多元的"。当时社会普遍流传着如

"三统说""三世说""大同说"，预示人类与社会经历"三统"到"三世"然后必然进入"世界大同"，认为某一些"规律"在支配社会发展，如同"进化论"，事物必然从"低级"走向"高级"，社会亦然，必从某个社会进入某个社会最后必然走向某个社会，这似乎成了一切事物的归宿。他们这一代人想走出中世纪的黑暗，又看到了资本主义文明的严重弊端，也发觉了社会主义的发展并非坦途，于是产生了极度忧虑，于是祖父提出了"俱分进化论"，指出"善为进，恶亦进"，"乐愈多，苦亦多"，一个社会、一个国家，必然"善恶兼进"。现代化与现代文明，虽然解决了许多旧的矛盾与冲突，但又会带来一大批新的问题与新的冲突。尤其帝国主义强调"强权即公理"，以及"生存竞争、弱肉强食"就是"天理"，统治阶级又常常以"公理、天理"作为统治的理由，强制别人必须服从，使人陷入事实上的不平等，不自由，从而丧失人的独立自由的本体。所以祖父强调"公理、天理较之专制为害更甚"。祖父这种早上还在批判封建专制，下午开始提倡民主共和，而晚上即批判资本主义，反对"代议政治"，力斥"民主"的"弊端"，这让人们反认为他是"保守""落后""反复无常"的。

但是，章开沅先生不是这样看，他说："我把俱分进化论的合理内核称之为近代忧患意识，它并非绝对排拒近代文明，而是比较清醒地看到近代文明日益显露的弊病，并且为人类文明发展的前途担忧。如果说这是悲观，那就是一种深沉的悲观，而深沉的悲观比肤浅的乐观，往往在思想境界上要高一个层次。"章开沅先生又说："'俱分进化论'所包含的忧患意识，已经不再是传统士大夫的狭窄框架，也超越了忧国忧民、愤世嫉俗的固有格局，而是把自己的视野与思路引向更为广阔的空间与更为长远的时间。它关心的不仅仅是自己的民族与国家的命运，而是整个文明、整个人类，乃至人类栖息于其上的地球、地球运行于其中的宇宙的发展的前景。"但是，章开沅先生也认为，"章太炎对于近世文明弊病的批判尽管有其精粹之处，但其思想体系仍然未能摆脱伦理中心的传统格局"。我认为这样的分析与评价是公允的，是有深刻见地的。

祖父这一代所处的时代，是中国历史重要转折期，这种转型是被外力逼迫而进行的，中国的发展其宿命是"一元"的还是"多元"，这已不是一个纯粹的哲学命题。面对汹涌而来的"现代化"西化浪潮，中国还有没有其他道路可走？于是祖父提出了要"俱分"进化论，未来的路并非是单一与唯一的，他以他的"多元主义、历史主义、人文主义这三者"，应对各种挑战。正如王玉华教授所言："在举世滔滔以趋附欧风美雨为时尚的历史年代里，章太炎以其睿识深刻地洞见了'西方现代性'的弊病，拒斥走西方式的'现代化'道路，我们不能不承认他有着先见之明。章太炎追求'传统的合理化'，这意味着他不取西方式'现代化'模式，而是要走着一条与本民族的文化传统相连接的独特的'现代化'道路。"这不能不说是高明的。正如张汝伦教授所说："章太炎的思想在许多方面达到了至今还无人能超过的深度。"王玉华教授又说："章太炎的'孤行独见'，虽然不为时人所理解，也一直遭后人所曲解，但这却正好映衬了章太炎思想所具有的深邃性与前瞻性。"

祖父在哲学上的另一个特色，就是他主张"依自不依他"。他曾撰写了《无神论》《建立宗教论》《人无我论》等，以阐述他的世界观和人生观，其核心就是要摆脱一切神权和一切世俗权威观念的束缚，超越各种名誉的物质利益的局限，以众生平等为出发点，以利益众生为归宿，给正在进行中的革命，在终极关怀上提供哲学的基础。

张春香教授在她《章太炎主体性道德哲学研究》一著中说："'依自不依他'作为章太炎主体性道德哲学原则，指道德主体不依靠任何外在力量，一切靠自我、靠自心、靠自己民族、靠自己国家，凭借道德主体意志的能动性、自觉性、创造性、超越性、至善性，满足主体道德需要，促进主体道德发展，不断提升主体道德境界，从而更好地服务众生，服务社会，服务世界。""不管是'转俗成真'，还是'回真向俗'，在这一过程中作为动力之源的道德意志力量的主体都是'依自不依他'的'自'，是自我、自心，是自己民族，是自己国家。"从而实现个性解放和个性自由。这就是祖父煞费苦心为辛亥革命这场革命提供的思想武器。

正如李泽厚先生所说：章太炎"否定自然规律，否定时空的物质性，也否定任何上帝鬼神的客观存在。从这种哲学认识论出发，章太炎一方面反对唯物论，主张建立非人格神的宗教；另一方面又主张无神论，坚决驳斥一切宗教（包括基督教）、鬼神。……以否定任何外界的客观权威，'自贵其心不援鬼神'，从而勇往直前，去干革命，这就是他所规划所宣传所实行的'用宗教发起信心，增进国民的道德'的革命主张的具体内容和途径"。章太炎所提出的"宗教"，实有宗教之名，而无宗教之实，是将"宗教"当作道德工具，都是他建构他"依自不依他"的主体性道德哲学体系的一种手段而已。一个世纪过去了，我们回顾祖父这一代人思想行为与哲学思考，对现今我们走什么路，建设一个什么样的国家，不是依旧有着许多启发，有着许多现实意义吗？

考祖父一生，他"痴"，他"颠"，他"狂"，他太炎先生篆书《太玄经》。

"疯"，他"执"，执著高尚道德，执著爱国赤心，治学固然不凡，革命固然坚定，但毕竟他太单纯、太纯正、太天真、太不知圆通、太不知退让，太不懂策略，太不懂政治，横冲直撞，"依自不依他"。他反对社会不公，反对以强凌弱，反对清政府，反对帝国主义，反对袁世凯，反对孙中山，反对军阀，反对蒋介石，反对共产党……几乎反对一切，他的孤行独见，桀骜不驯，不知得罪了多少人，不知上了多少当，不知受到多少挫折，这一切是性格使然，是"依自不依他"使然。辛亥革命前，他还分得清同志、朋友、敌人，辛亥革命后，在混乱的民初政治大混战中，面对分化后的革命党人、帝孽遗老、立宪派旧臣、各式政客、军阀官僚 …… 这些老奸巨猾翻手为云者，让他分不清敌我了。各种政治势力要利用章太炎，又怕遭章太炎批判，演出了一幕又一幕的政治闹剧。祖父的表现，不是受这一派"赞颂"，就是受另一派"抨击"，他已经完全不能代表时代了，也失去了作为一个先驱的光芒。在政治上他完全不是一个称职的"政治家"，与"政治家"相比，他太单纯、太善良、太没有手段。虽然他在民初的政治上，依然执着爱国主义大旗，但他已经不是时代的代言人了。如果没有抗日战争，他可能已经隐退了，用自己和别人的手筑的墙与时代隔绝了。

文学

宋恕称："枚叔（即太炎）文章，天下第一。"尤其是祖父的战斗文章，被称为泣鬼神，惊天地，令清政府丧胆，正如鲁迅所说："战斗的文章是太炎先生最大的业绩。"雄厚的小学功底，又深窥群经，使他"雅言故训，复用于常文"，故文字古奥老辣，又好熟用典故，让康、梁也难以招架。他的文字是古老而贵族的，他的文章是平民而大众的，曾牵动了一代知识分子忧国忧民的心扉。

祖父从小受到父兄汉学熏陶，后又师从俞樾、黄以周、谭献、高学治，继承了朴学，使他"取法魏晋，兼宗两汉"。谭嗣同曾称赞祖父文章可同西汉文章大家司马相如相比。文章讲究"清和流美"，既宗师秦汉法度，又兼事魏晋之美。鲁迅先生就是深受祖父文风影响，故刘半农作联送鲁迅，称他是"托尼学说，魏晋文章"，鲁迅对此感到满意，认为是知者之言。鲁迅先生作文章喜欢用怪句子和写古字，也显然是受到了祖父影响；鲁迅文章简约严明，格调冷峻，与祖父文风如出一辙。祖父与魏晋名士们一样，精神上有"独"的行为，从表面看他们都有着强烈的反传统的叛逆意识，但在精神气质上则是传统的真正的维护者。

祖父提倡"文学复古"，他说的"文学复古"即是意大利的"文艺复兴"，意在对中国古代全部文献的重新估定。他发表了《论文学》《国故论衡·文学总略》等，将文学分成有韵文与无韵文两种，提出以"质实而远浮华""直截而无蕴藉"为标准，强调应训辞翔雅，条列分明，叙事直质，议论明晰，反对滥用陈辞套语，及各种雕琢枝蔓之词。

他的文学主张深深影响了新文化运动的一批旗手。陈独秀提出的文学革命三大主义，即"推倒雕琢的阿谀的贵族文学，建设平易的抒情的国民文学；推倒陈腐的铺张的古典文学，建设新鲜的立诚的写实文学；推倒迂腐的艰涩的山林文学，建设明了的通俗的社会文学"，这些主张就是十多年前祖父提出的"文学复古"的内容。以后，胡适提出的"文学改良八要点"，即"不用典，不用陈套语，不讲对仗，不避俗字俗语，须讲求文法，不作无病之呻吟，不摹仿古人，须言之有物"，也可以说是受到了祖父"文学复古"的影响。祖父的文学主张与新文化运动倡导者的主张是完全一致的。

祖父作为汉学家，恪守古文经学家法，"精研故训，博考事实"，继承了古文经学的"贵独立"和"实事求是"学风，崇尚朴实无华文风。他为文讲究"审名实""重佐证""戒妄牵""守凡例""断感情""汰华辞"，他把这六条标准称之为"征信"，他强调为文必须"实事求是"，力戒空谈，既要"求实"，又要"致用"，以追求一个好文风为第一。

祖父自称文风"清远本之吴魏，风骨兼存周汉"，故他的文章既有曹孟德的慷慨沉雄，又有刘越石（琨）的激越悲壮，表现了清末革命派的心声与追求，在近代文学史上占有重要地位。他一贯主张文学要讲究形式与内容的统一，反对重形式，轻内容，刻意类比或无病呻吟。他认为文风可表现国势的盛衰和民气的刚柔，他所以推崇魏晋文学，认为这种文体是革命文学所需要的文体。祖父所处时代，风雨如晦，鸡鸣不已，反动力量太强大了，黑暗太浓重了，他痛同胞之醉梦犹昏，悲祖国之陆沉难挽，决心去拼搏，去流血，为争生存，却又常想到死，所以他的诗文都带有悲愤之音，是怒吼文学，像一头受了伤的狮子，充满了一种愤怒与大哀痛，充满了一种凄恻的情感，廉悍劲利，逼人而来，与祖国命运与人民哀号浑为一体，有一种不可抗拒的力量，从而开近代文学之先河。

他的文章，从来不计较形式，陡然而来，戛然而止，没有什么"首尾呼应"等等形式，更没有什么八股套话俗语，所以吴文祺先生说："太炎先生文章中无一句浮泛的话，一句话中无一个浮泛的字。"他喜欢五言诗，他说后来的诗文，越作越长，而内容越来越空，成了文字游戏。他好作对联，充满典故，典故对他来说是信手拈来，所以他的联句不仅作得好，而且典雅有趣，是一般人难以比肩的。

总之，祖父的无韵文志意闳雅，面向现实，内容充分，笔力雄健，如《訄书》等战斗文章，是他主要成果。他的有韵文如诗、祝辞、颂、赞、铭、赋、箴、祭文、对联……反映他感情与思想，也是他文学的重要组成部分。当时社会，人们以得到他笔墨为傲，都拱若珍宝。孙中山先生去世后，大家认为最有资格给中山先生作墓志铭的只有太炎先生，而蒋介石和国民党与太炎先生长期不和，所以不肯屈求太炎先生作墓志铭，因此孙中山先生虽然有宏伟的陵墓，却独缺墓志铭。但是我祖父还是为中山先生作了一篇很好的祭文。

也有人说，祖父是文化保守派，因为他反对白话文，说这样话的人，不知道早在五四运动前的一二十年，祖父就写了好多白话文与白话诗，这是我必须告诉大家的，但不等于说祖父没有一点点文化保守的地方。

史学

祖父也是一位杰出的史学家，这也是历史公认的。钱穆先生说："今论太炎学之精神，其在史学乎。"钱穆先生认为祖父的史学，体现在"民族主义、平民主义和文化主义"，他又说："太炎论史，三途同趣，曰归一于民族文化是矣。"

祖父认为："民族主义，如稼穑然，要以史籍所载人物、制度、地理、风俗之类，为之灌溉，则蔚然以兴矣。不然，徒知主义之可贵，而不知民族之可爱，吾恐怕其渐就萎黄也。"祖父又说："国家之安危强弱，原无一定，而为国民者首需认清我为何种民族。对于本国文化，相与尊重而发扬之，则虽一时不幸而至山河易色，终必有复兴之一日。设国民鄙夷史乘，蔑弃本国文化，则真迷失本性，万劫不复矣！"他一贯认为，历史学发达与否，关系到民族的兴衰，所以他一生致力提倡读史，以历史为武器，所谓"革命的种子来自于历史"。

祖父的史学观，源自浙东史学传统，继承了章实斋的"六经皆史"与"史学所以经世，故非空言著述也"。在史学研究的方法上，他认为过去治史者只注意地理、官制，过于狭隘，他主张进一步从姓氏、刑法、食货、乐律等角度，去综合地研究，即从社会史、制度史、文明史、经济史等领域，去开辟历史研究的新领域。他还主张治史要"寻其根株"，不要"摭拾枝叶"，要"实事求是，非致用之术"，这也是他与今文经学派的根本不同。他反对强行牵合某些历史现象，以比附现实，或笼统地用社会学的一般结论来取代对历史的具体分析。他主张要疑古，不要轻信前说，但也不要臆造历史，史学工作者要以科学精神来研究历史，任何"戏说历史"都是对历史的亵渎，都是不允许的，都是自杀行为。一个国家的强盛清明与否，只要看他们对历史的态度，如果我们子孙连自己国家的光荣史或耻辱史都不知道，何奢谈国家文明乎！而今不仅"戏说历史"成风，还盛行"恶搞历史"，随便羞辱历史人物，颠倒是非，是多么可悲呀！

由于祖父学识渊博，态度科学，他的史论，充满新意，每每为史家所重。他晚年主张"读经"，被人视为倒退，其实他所说的"读经"，就是要人读史，不忘历史，用历史来培养爱国情操。当时，东三省已沦亡，华北也已告急，他作为一个垂老的国学家，除了告诉别人"读书不忘救国，救国不忘读书"以外，他还能做些什么呢？

祖父曾计划写一部中国通史，可惜他没有完成，但从他自拟的中国通史提纲，以及他写的《征信论》《信史》《原经》等史论中，我们还是可以一窥他的新史观。侯外庐先生说："太炎先生虽然没有专门写一部中国学术史的著作，但他可以说是中国近代第一位有系统地尝试研究中国学术史的学者，他对周秦诸子、两汉经师、五朝学、隋唐佛学、宋明理学、清代学术的论述，足启后学，在史学研究领域筚路蓝缕之功，不可磨灭。"

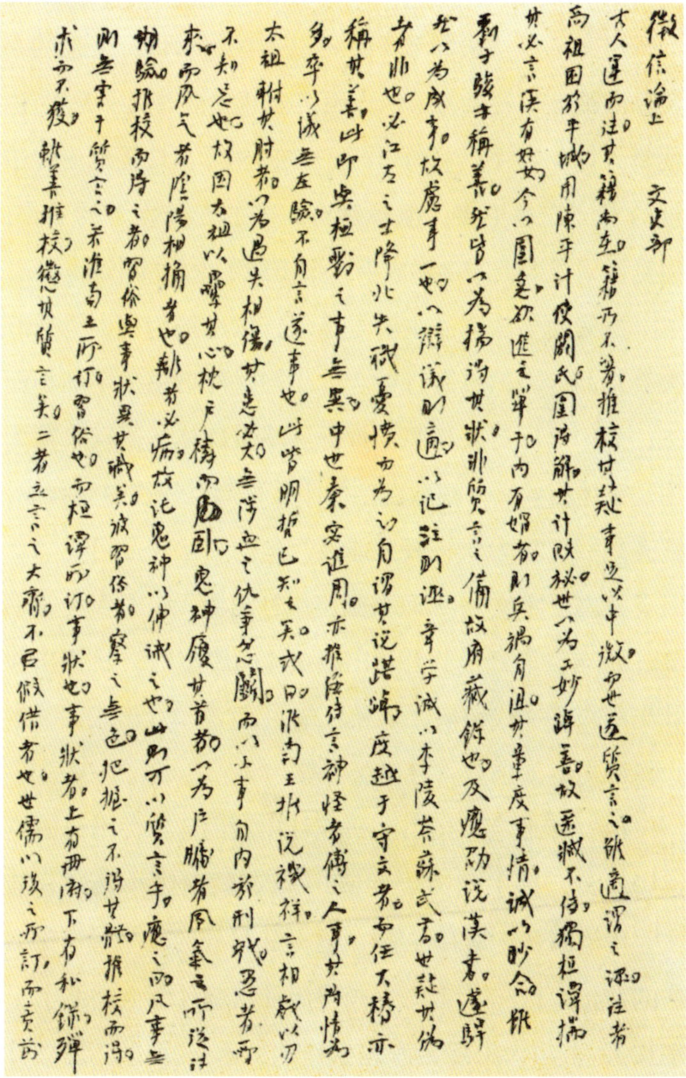
徵信論上　文史部

这是太炎先生早年著作《征信论》手迹，字写得小而密。

书法

祖父不以书法闻名，更不以书法家名世，但他的书法作品被人珍若拱璧，他也确实公开登报以卖字为生计。他每天练字习字，"每日作篆三四十字"，只是他流传于世的书法作品不多，他毕竟有太多的专长太多的工作，但是说到章太炎的学术成就，又不能不论他的书法。

祖父的书法作品主要是篆书，以小篆为主，也兼有大篆作品，当然也有行楷。他年轻时好楷书，字细小而工；中年以后行篆相间，行舒展略带碑体，篆以隶篆为主，字体粗犷，一幅数百字的小篆作品，往往一气呵成，整齐划一，功力非一般人能及。他的书法作品可见《章太炎篆书千字文》（上海书画出版社出版）、《章太炎篆书墨迹》（台湾联经出版公司出版）、《山辉蕴玉》（杭州出版社出版）、《一代儒宗，千秋巨笔》（西泠印社出版）、《章太炎诗文集》（齐鲁书社出版）等。

1962 年北京中国书法研究社出版的《各种书体源流浅说》说，篆书到清代大盛，"章炳麟则以小篆结合籀文，用笔刚劲，别有古趣"，这是我见到的较早对祖父书法的评价。1986 年上海书画出版社出版《章太炎篆书千字文》，书法大家沙孟海先生作序，称："篆学，近三百年来可说是极盛时代。这里专谈书法：（一）钱坫、洪亮吉、孙星衍成为一派，旧称经小学派，现在我们称为古文字旧派。（二）王澍、邓石如、吴熙载、赵之谦、吴俊卿书家者派，又是一派，现在我们称为书家派。（三）吴大澂用金文写《孝经》《论语》，罗振玉用甲骨文写楹联，我们称为古器物派，也可称为古文字学新派。（四）章炳麟则是古文字学别派。""他的篆书风格，高淳朴茂，和其他三派作家有显著的区别……其笔法自然近古。"在篆字书苑中，章太炎的篆书可称"一朵斗大的鲜花，是值得我们推崇与学习的"。

祖父的书法与他的小学功底是分不开的。唐兰先生在他的《中国文字学》中说：所谓书法家，"同时必须负起厘正字体的使命"。有些"书法家"往往只求字形美观，任意拼凑造字，容易造成文字混乱，所以真正书法家就要"厘正"文字。祖父作的《篆书千字文》就与时下俗写篆书有许多不同，周谷城先生看了很紧张，他一一查证，最后证明太炎先生写的都是正确的，而时人则有许多错误。

祖父认为，治小学与治书法一样，不能"滞于形体"，一要通音韵，古人用字，常同音相通，所以我们研究古书，要知道某字即某字之转，先要明白时代的音韵；二要明训诂，不明白古义的训诂，误以后义附会古义，就要弄错了；三要辨形体，因为近体中相像的，在篆文未必相像。他又说："形为字的官体，声、义为字的太炎先生最擅长的小篆。

精神，必三者备而文字之学始具。"而清代一变为先讲
六书构造，然后再讲音、义，"不过为篆刻用耳"。他强
调"不能只摹其意，赏其姿势，而阙其所不知，一如欧
人观华剧然，但赏音调，不问字句"，他主张书写要符合
规范，反对任意拼凑，反对生搬硬造，力求字字有来历，
字字合古法，而如今"书法家"不少是"造字匠"，在真
正书法家眼里殊为可笑。

祖父专论书法的文字不多，但在散论中也有一些论
述，如在他弟子记录的《菿汉雅言札记》中，论及大篆
与小篆时，他说"古文象形，如今工笔画；小篆象形，
如今写意画"，颇为传神。他又说："学篆隶，不可不
读《石门颂》《天发神谶碑》《三体石经》等，学楷书必读
《郑文公》《石门铭》……。"不乏精彩之句。

上述论述祖父哲学、文学、史学、书法成就，作为
对他学术（医学、小学、经学、佛学）的补充，希望给
大家一个比较完整的"学问家的章太炎"的印象，希望
对大家了解近代学术史有所裨益。

太炎先生偶尔也写一些大篆夹金文古籀
的书法作品。

太炎先生擅长以小篆作联。

164

第八章

身后哀荣

shēn hòu āi róng

一、国葬令、鲁迅先生悼文、《救国时报》悼文、《生活日报》悼文

1. 国民政府国葬章炳麟令 *

宿儒章炳麟，性行耿介，学问淹通。早岁以文字提倡民族革命，身遭幽系，义无屈挠。嗣后抗拒帝制，奔走护法，备尝艰险，弥著坚贞。居恒研精经术，抉奥钩玄，究其诣极，有逾往哲。所至以讲学为事，岿然儒宗，士林推重。兹闻溘逝，轸惜实深！应即依照国葬法，特予国葬。生平事迹存备宣付史馆，用示国家崇安耆宿之至意。此令！

一九三六年七月九日

2. 关于太炎先生二三事 **

鲁迅

前一些时，上海的官绅为太炎先生开追悼会，赴会

---

* 本文原发表于《中央日报》1936 年 6 月 10 日。

** 本文录自《鲁迅全集·且介亭杂文末编》。

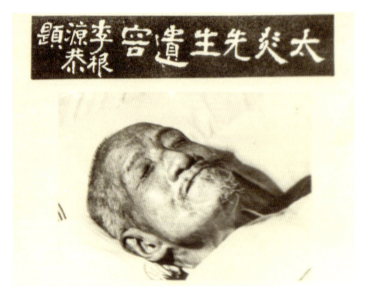

1936 年 6 月 14 日，太炎先生因患鼻癌在苏州家中逝世，终年六十九岁。这是他去世的遗容。

者不满百人，遂在寂寞中闭幕，于是有人慨叹，以为青年们对于本国的学者，竟不如对于外国的高尔基的热诚。这慨叹其实是不得当的。官绅集会，一向为小民所不敢到；况且高尔基是战斗的作家，太炎先生虽先前也以革命家现身，后来却退居于宁静的学者，用自己所手造的和别人所帮造的墙，和时代隔绝了。纪念者自然有人，但也许将为大多数所忘却。

我以为先生的业绩，留在革命史上的，实在比在学术史上还要大。回忆三十余年之前，木板的《訄书》已经出版了，我读不断，当然也看不懂，恐怕那时的青年，这样的多得很。我的知道中国有太炎先生，并非因为他的经学和小学，是为了他驳斥康有为和作邹容的《革命军》序，竟被监禁于上海的西牢。那时留学日本的浙籍学生，正办杂志《浙江潮》，其中即载有先生狱中所作诗，却并不难懂。这使我感动，也至今并没有忘记，现在抄两首在下面——

狱中赠邹容

邹容吾小弟，被发下瀛洲。快剪刀除辫，干牛肉作糇。英雄一入狱，天地亦悲秋。临命须掺手，乾坤只两头。

狱中闻沈禹希见杀

不见沈生久，江湖知隐沦，萧萧悲壮士，今在易京门。蝎豹羞争焰，文章总断魂。中阴当待我，南北几新坟。

一九〇六年六月出狱，即日东渡，到了东京，不久就主持《民报》。我爱看这《民报》，但并非为了先生的文笔古奥，索解为难，或说佛法，谈"俱分进化"，是为了他和主张保皇的梁启超斗争，和"XX"的XXX斗争，和"以《红楼梦》为成佛之要道"的XXX斗争，真是所向披靡，令人神旺。前去听讲也在这时候，但又并非因为他是学者，却为了他是有学问的革命家，所以直到现在，先生的音容笑貌，还在目前，而所讲的《说文解字》，却一句也不记得了。

民国元年革命后，先生的所志已达，该可以大有作为了，然而还是不得志。这也是和高尔基的生受崇敬，死备哀荣，截然两样的。我以为两人遭遇的所以不同，其原因乃在高尔基先前的理想，后来都成为事实，他的一身，就是大众的一体，喜怒哀乐，无不相通；而先生则排满之志虽伸，但视为最紧要的"第一是用宗教发起信心，增进国民的道德；第二是用国粹激动种性，增进爱国的热肠"（见《民报》第六本），却仅止于高妙的幻想；不久而袁世凯又攘夺国柄，以遂私图，就更使先生失却实地，仅垂空文，至于今，惟我们的"中华民国"之称，尚系发源于先生的《中华民国解》（最先亦见《民报》），为巨大的记念而已，然而知道这一重公案者，恐怕也已经不多了。既离民众，渐入颓唐，后来的参与投壶，接收馈赠，遂每为论者所不满，但这也不过白圭之玷，并非晚节不终。考其生平，以大勋章作扇坠，临总统府之门，大诟袁世凯的包藏祸心者，并世无第二人；七被追捕，三入牢狱，而革命之志，终不屈挠者，并世亦无第二人：这才是先哲的精神，后生的楷范。近有文侩，勾结小报，竟也作文奚落先生以自鸣得意，真可谓"小人不欲成人之美"，而且"蚍蜉撼大树，可笑不自量"了！

但革命之后，先生亦渐为昭示后世计，自藏其锋芒。浙江所刻的《章氏丛书》，是出于手定的，大约以为驳难攻讦，至于忿詈，有违古之儒风，足以贻讥多士的罢，先前的见于期刊的斗争的文章，竟多被刊落，上文所引的诗两首，亦不见于"诗录"中。一九三三年刻《章氏丛书续编》于北平，所收不多，而更纯谨，且不取旧作，当然也无斗争之作，先生遂身衣学术的华衮，粹然成为儒宗，执贽愿为弟子者綦众，至于仓皇制"同门录"成册。近阅日报，有保护版权的广告，有三续丛书的记事，可见又将有遗著出版了，但补入先前战斗的文章与否，却无从知道。战斗的文章，乃是先生一生中最大、最久的业绩，假使未备，我以为是应该——辑录，校印，使先生和后生相印，活在战斗者的心中的。然而此时此际，恐怕也未必能如所望罢，呜呼！

十月九日

3. 悼章太炎先生 *

田

接到国内报纸，知道讲学苏州的章太炎先生，在这

---

* 本文原发表于巴黎《救国时报》1936 年 7 月 8 日，为中共海外机关报《巴黎·救国时报》（吴玉章主编）社评。

国难方殷之日，竟因重病不治而逝世了。我想，凡是有着
"人之云亡"的感念的人，凡是为国家而惜老成的人，在
这一噩耗里总不能不想起先生对于国事的最近主张吧！

在去年之末今年之初，平津学生，因为反对日寇加
紧亡我，在北方所发动的"防共""自治"运动，奋起救
国，宋哲元秉承日寇意旨，扬言学生救国运动受共产党
指使，迫害颇烈。先生这时便从苏州发出电报，说"学
生救国，事出公诚，纵有共党，但问今日之主张，何论
其平昔。"同时还发表和这主张相同的谈话。日寇正借
口反共而进攻我国，蒋介石正借口反共而极力破坏全国
人民统一救国战线，宋哲元正借口反共而秉承日寇，摧
残爱国青年，在国民党统治之下受着压迫而寂处已久的
先生，再也按纳不住他的义愤，竟然以国学之大师，作
狮子之巨吼，向蒋、宋之类严厉地教训着说，对于共党，
"但问今日之主张，何论其平昔"。先生的这一态度，正
是我们今日全国团结的必要的态度，先生的这一主张，
正是我们今日抗日救国的正当主张，老成谋国，我可以
想见他是如何地以国家利益为前提。要是再一计算他是
一向被称为很守旧的人，他是对于时局久已绝口不谈的
人，那我们更可想见，他之决然提出这一主张，是如何
痛感于国难当前，非说不可，非说出这样的主张不可。

先生早年便是以民族的斗士而知名于我国的学术界、

政治界和新闻界的人。他在"苏报事件"上曾因吴稚晖向满清官吏告密而长期被囚，他在"洪宪之役"的前夕，又曾被袁世凯所囚，在蒋介石政变，南京政府局势大定以后，他又被迫匿迹于天津（按：当为上海）很久。但他始终未改变他的民族斗士的态度，他反对"宁赠友邦，不予家奴"的清政府，他反对接收日本"二十一条"的袁世凯，他现在又反对仇共降敌，出卖祖国的汉奸举动。先生说学生救国，事出公诚，其实先生的主张也同样是事出公诚。可惜先生来不及尽量发挥他的主张便溘然长逝了。但我们综观先生的生平及他的近状，我们当更可了然于他的遗言价值之所在，为了纪念先生，我们即应该来接受和发挥他的遗言。

4. 悼太炎先生 *

风

太炎先生过去在中国学风上的贡献以及对辛亥革命的帮助，这些劳绩，已用不着我们去表彰，有他的事实去说明。我们对太炎先生特别致敬的，是他最近的言论，最近对北平学生救亡运动发表的意见。他在致宋哲元将军的电中，已说出他主张：放弃成见，共同救亡，不应随便加学生以红帽子，他说："不管共产党不共产党，只

---

* 本文原发表于香港《生活日报》1936 年 6 月 16 日。

看他现在的行动怎样，是否真的是在爱国。"这话说得何等明白，正确。现在太炎先生死了，六十九岁而死，并不能算短寿，但恨他不能在当前救亡运动中再给我们以助力。我们悼太炎先生，我们同时希望太炎先生遍天下的门弟子，实践先生最近之言论，为民族尽一点力，对那些假国学之名，为敌人张目的民贼，要赶快出来说话，揭破他们的真面具，使国家永远保存民族光辉的价值。

二、唁电选编（政界为主）

丁委员惟汾鉴：惊闻太炎先生今晨溘逝，至为痛悼。当经中央决定发治丧费三千圆，并请代致悼唁之意等因，除款另汇外，特此电达，即希就近慰唁章夫人，并俟款到转交为盼。中央执行委员会秘书处，寒，印。

章夫人、公子礼鉴：报道大师逝世，未闻有疾，遽不慭遗。木坏山崩，悼恸何极！伏祈念抚育继述之重，节哀顺变，以慰在天之灵。居正。

章夫人暨哲嗣礼鉴：惊悉先生噩耗，苏门在望，怆痛曷胜！先生经师人师，楷模当世。一朝溘逝，群众何依？烈钧公私扬攉，获益弥甚，人琴之感，倍异寻常。惟念先生道范玄颜，播之百禩，亦复可慰九泉。尚望勉抑哀思，以襄大事。临风泪堕，谨电申忱。李烈钧。

章夫人暨哲嗣鉴：顷闻太炎先生逝世之耗，曷胜悲悼！伏维先生文章道德，冠绝当代，尚论古今，以待后学。此次清恙偶沾，当冀早复健康，共挽颓风。何图（恶）［噩］耗传来，竟归道山。望怀明德，伤心何已！尚希夫人等勉抑哀思，以襄大事。特先电唁。冯玉祥，寒。

章夫人礼鉴：惊闻太炎先生遽归道山，国家不幸，天丧斯文，噩耗传来，莫名骇悼。尚望以礼抑情，与贤郎勉节哀痛。继明日定即到来襄事。张继、刘守中，寒。

章世兄：惊闻尊公逝世，海内志士，遽失国学导师，曷胜悲怆！尚祈节哀，以承先志。谨唁。沈思孚、黄炎培、陈陶遗，删。

章太炎夫人礼鉴：顷闻太炎先生逝世，海内灵光，吾党耆宿，天丧斯文，梁颓岳坏，公私交恸。谨电驰唁，尚希节哀。邵元冲、张默君，删，印。

章夫人鉴：惊悉太炎先生逝世，痛悼万状。伏念先生生应山河之运，学兼黄顾之长。以明经作人伦师表，

北京太炎先生追悼会。

以治史树民族精神。方祈广厦宏开，宗风远畅，不意尼山一涕，郁此国哀。尚望夫人、公子勉节哀思，以襄大事。临电悲怆，不知所云。于右任叩，寒

章太炎先生治丧处请转章先生家属礼鉴：接电惊悉太炎先生溘逝，硕贤遽殒，学术有沦丧之惧，痛悼实深。尚望节哀顺变，以襄大事。谨此电唁。蒋中正，删，印。

章夫人国梨嫂暨导、奇两表侄礼鉴：接报惊悉太炎兄仙逝，无任痛悼。特电致唁，尚祈勉抑哀思，以襄大事。弟黄郛叩，删。

章宅治丧事务处鉴：寒电惊悉。太炎先生当代硕儒，万流镜仰，名山著述，早有千秋。遽返道山，至深怆悼。即祈转达章夫人、公子，敬致唁忱。张家璈叩，删。

章太炎先生家属鉴：天不慭遗，殱吾大儒。微言圮绝，来者何师？仅电奉唁，尚希节哀，以承大事。蒋梦麟、胡适、周炳琳，删。

章宅治丧处鉴：太炎先生革命先进，国学大师。天不慭遗，山颓梁坏。惊闻噩耗，怆痛如何！谨布唁忱。

张群，删。

章太炎夫人暨公子等礼鉴：报载太炎先生遽归道山，曷胜震悼！先生革命先进，国学宗师。山颓木坏，薄海同悲。谨电致唁，诸维亮察。吴铁城叩，删，印。

章宅治丧事务处转章世兄礼鉴：诵寒电，惊悉尊公作古。国丧师儒，风悲学海，感怀曩昔，怆吊弥深。特电奉唁，望节哀忱，以当大事。孙科，删。

章夫人鉴：天不慭遗，遽丧斯文。惊悉之余，至深悲痛。惟先生学究天人，功垂党国，文章经术，自足千秋。尚冀夫人、公子勉仰哀思，以襄大事。程潜叩，删。

章夫人礼鉴：惊闻太炎先生逝世，硕儒积学，天不慭遗，缅念德勋，至深痛悼。惟希顺变节哀，特电奉唁。蒋中正，删，院文印。

章夫人、公子礼鉴：惊闻太炎先生因病逝世，骇惋莫名。先生儒宗学海，并世罕俦，一旦摧颓，群流安仰？惟念先生学术文章，光昭国史，洵足不朽千秋。尚祈勉节哀思，以襄大事，是所切盼。林森，删。

吴县邓县长转章汤夫人礼鉴：太炎先生生当剥复之交，学贯天人之际。宣导种族革命，自初澈终；阐明雅记故书，守先待后。马融讲学，绛帐群瞻；王珣寝疾，玉棺遽下。痛深儒苑，悲溢士林。但念年逾古耆，名在国史，形体虽蜕，精爽不磨。尚祈勉节哀思，以襄大事。特电奉唁，惟察不具。江苏省政府主席陈果夫，删，印。

章世兄礼鉴：令尊太炎先生文坛领袖，一代经师。忽闻绝笔，殊为惋悼。惟圣人孝不毁身，尚望哀不逾礼。驰电奉唁，诸希珍摄。许崇智，删。

章夫人暨家属礼鉴：奉寒电，惊悉太炎先生逝世。灵光失仰，举国同悲。辱在旧交，尤深凄惋。先生文章学行，均足千秋。尚冀顺变节哀，勉襄大事为幸。蒋作宾叩，咸。

章太炎先生治丧事务处礼鉴：太炎先生文章宗匠，党国名流，学术集古今大成，德业为中外普仰。惊闻溘逝，悼惜殊深。圮鲁殿之灵光，实新邦之不幸。特驰电唁，藉表哀忱。龙云叩，删。

齐岳英、龚振鹏两君转章太炎先生家属：惊闻太炎先生忽归道山，哲人其萎，倚梁栋以何从；经术方衰，抚简编而空往。尚惟勉戡哀思，用襄大事。特电致唁，并颂礼安。张学良，删，机印。

章宅治丧事务处鉴：惊悉太炎先生遽归道山，经师人师，士林宗仰，灵光忽圮，悲怆何如！敬祈代为慰唁，夫人、公子节哀顺变，以襄大事，不胜感祷。钮永建叩，删。

章太炎先生家属礼鉴：太炎先生逝世，为中国学术界莫大之损失。惊闻噩耗，不胜震悼。谨电致唁，尚乞节哀。罗家伦、陈剑修同叩。

章夫人、章世兄鉴：炎公国学长城，群伦师表，猝闻噩耗，举国同悲。弟十载论文，三年契阔，既伤梁木，复痛人琴。溽暑流金，节哀中礼为祷。专电奉唁大礼。吴佩孚，谏。

章太炎夫人暨公子礼鉴：太炎先生当代儒宗，道式群伦，功在党国。兹闻逝世，薄海同悲。尚冀顺变节哀，以襄大事。特电奉唁。孔祥熙，铣。

章夫人暨哲嗣礼鉴：惊闻太炎先生逝世，为国学一大损失，无任悲悼。乞节哀。谨唁。熊希龄叩。

章太炎先生治丧处礼鉴：惊闻太炎先生溘逝，震悼万分，用特志唁。马崇六叩，铣。

章夫人礼鉴：太炎先生尽瘁国家，多士钦崇。遽闻溘逝，无任怆悼。谨电奉唁，冀节哀思。王世杰，铣叩。

章太炎先生治丧处鉴：太炎先生国学钜子，革命前修。天不慭遗，道山遽返，曷胜怆痛！特电奉唁，敬请转致太炎先生家属为荷。阎锡山、赵戴文，铣。

章夫人暨哲嗣礼鉴：惊闻太炎先生逝世，天丧斯文，朴学谁续？瞻言国故，悼悲极深。继志为先，尚希抑节。特唁。张学良，洽，京机。

章夫人暨公子礼鉴：太炎先生革命前辈，当代经师，胡天不慭，竟靳稀龄。噩耗传来，薄海同悲。尚望节哀顺变，勉襄大事。特此奉唁，即希察照。朱家骅叩，铣。

章夫人礼鉴：惊悉太炎先生遽归道山，噩耗传来，痛悼奚似！尚希节哀顺变，以襄大事。特电申唁。唐绍仪，铣。

章夫人鉴：顷闻太炎先生溘逝之耗，世衰道微，士林失其师表；山颓木坏，国家伤其元良。骇悼之馀，专电奉唁，即祈惠察。商震叩，啸，省秘。

章太炎先生家属礼鉴：阅报惊悉太炎先生道山归去，灵光忽圮，痛失儒宗，邦瘁人亡，士林安仰？敬祈以礼节哀，勉当大事。特电奉唁，并候礼祺。杨虎城，巧叩。

章夫人及公子礼鉴：祇奉噩电，惊悉太炎先生遽归道山，曷胜哀悼！国难方殷，人亡邦瘁。吴云引领，无泪可挥。尚祈顺变节哀，以襄大事，是所至祷。柏文蔚，寒。

章夫人、世兄礼鉴：阅报惊悉太炎先生噩耗，国丧元老，民失导师，遽捐馆舍，痛悼同深。尚希节哀顺变，勉襄大事。临电无任怆恒。许世英叩，养。

国梨夫人惠鉴：闻太炎先生噩耗，诚吾国学术界之大损失，不胜痛惜。遥想夫人暨世兄妹等摧毁逾恒，但人生总属有涯，立言自堪不朽。尚祈节哀顺变，勉筹后事。谨此奉唁，诸希鉴察。蔡元培敬启，六月十五日。

三、挽联选编（学界为主）

三吴讲学，卓然大师，际兹破碎山河，商榷弭兵辜夙约；

卅载缔交，倏焉隔世，已践真灵位业，丛残绝笔有遗经。张仲仁

黑狱昔同羁，面宣革命，口授读书，推食解衣恩尚在；

黄泉今永诀，公滞吴中，我淹海上，束刍哭寝痛如何。徐福生

国家不惜大师，致使今古至言，天人绝学，怀宝归藏地下；

民族永垂正气，所望据乱史文，说经派术，闻风兴起后来。刘禺生

代人民说公道话，替党国讲正经语，卓哉君乎安可死？

言文学似黄梨洲，论品行如顾宁人，髦矣我也得毋

伤。马相伯

一代通儒尊绛帐；

千秋大业比青田。朱希祖

名已震耀千秋，顾怪归奇公并擅；

天不憖遗一老，山颓木坏世安宗？冯焕章

天不憖遗，绝笔自伤周道息；

吾将安仰，闻歌真痛泰山颓。汪东

继往开来，范顾精深君尤过；

经师人表，山梁颓坏我何依？君讲学吴中，奉范希文、顾宁人像为诸生楷范，君之学实私淑亭林，直接孔荀。尝论及，君颇首肯。李印泉

一木难支，烈士暮年唯讲学；

百忧尚寐，桐江汉鼎孰垂纶？欧阳竟无

继往开来，后世有述焉；

出类拔萃，夫子既圣矣。郑伟业

雅志在春秋，九域腥膻公绝笔；

大名垂宇宙，十年覆帱我何心。孙世扬

道大难容，举世谁真知圣哲；

吾将安仰，遗经空自抱春秋。诸祖耿

锦帆都讲，曲石深谈，晚岁辱新知，一代鸿裁商史例；

大义纷纶，名言骆驿，苦心诏来学，千秋绝业失经师。邓孝先

大军已溃八公山，怜当轴责重忧深，抵掌岂忘王丞相；

与子昔倡亡国会，叹此日人终邦瘁，伤心终作汉遗民。冯自由

微斯人其谁与归，平生风义兼师友；

临大节而不可夺，万古云霄一羽毛。先生六十寿时，曾写下十四字为寿，今增上十四字作挽，哀恸何极！李印泉

合许郑朴学、老庄玄学、贾董文学为一家，精神与天地万物同流，宅不弥亩，志溢九州，藏用显仁，师范

千秋留雅诰；

施温柔诗教、疏通书教、洁静易教于七十，勋名偕
宇宙三川并寿，门设四科，经贻双凤，钩深致远，松楸
终古閟微言。但植之

载道以文，于六经诸子间，独绍微言成朴学；
遁世无闷，在昆山姚江后，并垂奕禩谥通儒。张君劢

与天地同流，自宣圣以来未有夫子；
严裔华之辨，继春秋而作独馀訄书。王乘六

学本顾黄，道本孔荀，是民族英雄，是儒林师表；
梁木其坏，哲人其萎，则吾将安步，则吾将安趋？
潘承弼

学行远媲康成，龙蛇兴嗟，斯文将丧；
功业近推诚意，河山依旧，世难方殷。邓之诚、张
东荪

吾道属艰难，悲见生涯百忧集；
大雅何寥阔，不废江河万古流。沈钧业

佛乘自昔尊开士；

国学于今失大师。_{太虚}

千载之英，经术文章古有是也；

十年以长，提撕启发今亡矣夫。_{胡朴安}

知化穷冥，其学轶扬许而上；

守先待后，所立在孟荀之间。_{马宗霍}

国难方殷，国师遽丧；

天维将绝，天道何知？_{刘守中}

雕组雅言迈陶隐居，巍然久魁江表传；

囊括大典继郑高密，凄其来对礼堂书。_{姬觉弥}

治古音兼有晓徵、东原、若膺之长，继往开来，伟绩尤推转注说；

尊历史直迈子玄、渔仲、实斋而上，外夷内夏，微言远绍春秋经。_{马裕藻}

万里一宫，问政大嵩先足食；

廿年半子，终天永诀悔来迟。_{朱铎民}

斯文将丧，坠绪独肩，峻望重儒林，允矣大名光北斗；

手泽长留，步趋靡及，灵光仰鲁殿，灿然吉羽耀文澜。陈训慈

缵苍水、宁人、太冲、姜斋之遗绪而革命，蛮夷戎狄，矢志攘除，遭名捕七回，拘幽三载，卒能驱逐客帝，光复中华，国士云亡，是诚宜勒石纪勋，铸铜立像；

萃庄生、荀卿、子长、叔重之道术于一身，文史儒玄，殚心研究，凡著书廿种，讲学卅年，期欲拥护民彝，发扬族性，昊天不吊，痛从此微言遽绝，大义无闻。钱玄同

素王之功不在禹下；

明德之后必有达人。马裕藻、许寿裳、吴承仕、周作人、沈兼士、钱玄同

櫜栝刘、贾、许、颍，以阐扬十二经玄素遗文，始议胡董，终驳皮康，自排满反日以还，式昭攘夷大义；

太炎先生逝世后，他在北京的弟子钱玄同（右一）、周作人（右二）等为他开了追悼会。他的弟子占据北京各大学文科的半壁江山，影响深远。

北京太炎先生追悼会时弟子合影。

继述王、李、顾、黄，卒光复五千载羲农旧物，系狱三年，去食七日，后渔父中山而逝，允推开国元勋。吴承仕

壮抗漠胡诚意伯；
晚传绝学蒋山佣。刘三

千秋绝学，百代儒宗，尊夏攘夷，公有殊勋光汉族；
世难方殷，哲人遽逝，山颓木坏，天何不吊丧斯人。林尹

一时贤士皆从其游；
天下文章莫大乎是。景耀月

后太冲、炎武已二百馀年，驱鞑复华，窃比遗老；
与曲园、仲容兼师友风义，甄微广学，自成一家。蔡孑民

为朴学大师，集乾嘉以来之成，有其统系；
是革命前辈，与赵宋诸公异趣，独树风标。胡朴安

平生著述散布人间，沧海信横流，不废江河终古在；

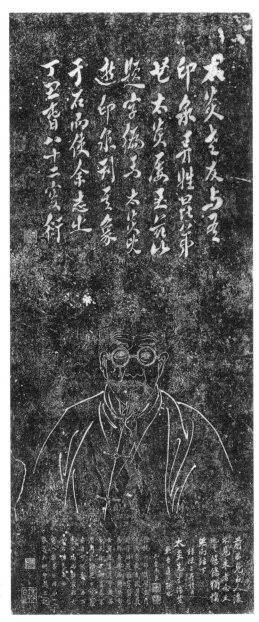

李根源先生托张善孖和张大千昆仲为太炎先生画像勒石立碑，马相伯先生题辞。这块石碑迄今立在苏州故居小院中。

191

一日束修亲承门下，高山今安仰，正怜沪渎十年前。
徐复初

国学恢皇开后进；
民生憔悴哭先生。曹亚伯

是读书人，著作等身，大道本原曾见谛；
真革命者，牺牲为国，斯民水火待徕苏。张纯一

口诛笔伐，终覆清廷，勋业古人无，黄顾声名应有愧；

诸子群经，都承平议，文章馀力在，王曾雅俗尚难兼。大师早慕黄太冲、顾宁人，故各取其一字以为字。又与人论文，以为王壬秋能雅，曾涤笙能俗，己则在雅俗之间云。王仲荦

治儒学成大家，揽佛学得大乘，精庐都讲尤勤，救国在通经，当使薪尽火传有达者；

废君权为先觉，倡民权是先进，巨夏卬须孔亟，异贤偏厄运，岂仅风潇雨晦一潜然。陈陶遗

是大经师，著作等身，诸子室堂通佛理；
真革命者，牺牲救国，斯民水火策心源。张纯一

扬大汉天声，开国家崇元老；

综先秦雅故，为学术惜斯人。杨沧白

有言立宪君主者矣，有言市府分治者矣，首正大谊，截断众流；前二句《中夏亡国二百四十年纪念会书》，后二句与人书。

内之颉籀儒墨之文，外之玄奘义净之术，专志精微，穷研训故。前二句《瑞安孙先生伤辞》，后二句《菿汉微言》末章。许寿裳

一片孤忠，风景犹不殊，蒿目骑箕归上界；

千秋绝学，沧桑经几变，伤心仰斗失宗师。黄复生

开民族革命先河，功成不居，独以正言持国论；

综九流百家要指，道通为一，宁唯朴学冠儒林。曾道

无意求官，问天下英雄能不入彀者有几辈？

以身试法，为我国言论力争自由之第一人。太炎先生自幼劬学，不屑仕进，方科举盛行时，从未涉足试院。此余闻之亡友夏穗卿者。清政不纲，先生昌言革命，《苏报》案起，被捕入狱。对簿日，余往旁听，见先生侃侃直陈，谳员噤不能声，而政府亦不

敢竟兴大狱。今先生往矣，山高水长，遗风未泯，谨制楗语，用志哀思。张菊生

集国学大成，万古仰云霄，后无来者；
是吾党尊长，平生最萧瑟，哀动江南。但懋辛

千秋定论，万宇衔哀，开济有功，允昭汗简；
凌轹周秦，鞭笞汉魏，运筹无地，痛哭边城。顾颉刚

博学于文，行己有耻，亭林标其义，先生植其躬，
三百年薪尽火传，两汉微言，今兹永绝；
籀述古韵，独崇许书，馀杭钩其玄，吾师昶其旨，
未半载山颓木坏，九原不作，小子安归？陆宗达

内之颉籀儒墨之文，外之玄奘义净之术，专志精微，穷研训故；前二句《瑞安孙先生伤辞》，后二句《菿汉微言》末章。
上无政党猥贱之操，下作懦夫奋矜之气，首正大义，截断众流。前二句《答铁铮》，后二句《致王揖唐书》。许寿裳

晚学溯师承，真欲担囊依孔里；
昌言光菿汉，空留讲席在吴门。潘重规

北京太炎先生弟子举办了太炎先生墨迹展览会。

亲教更无时，九死百身如可赎；

锡名思往日，一心十驾曷能忘。菿汉大师学穷天人，非末学所得而称。惟念己巳之岁，侍季刚师晋谒于沪上寓庐。大师为集"驽马勤十驾，鸤鸠结一心"二语书之，以励愚顽，且为易名曰重规，意至厚也。今忽忽垂十年，所学无就，追维明训，悲愧交盈。哀述挽辞，伏冀灵鉴。潘重规

四、墓葬经历

在 1981 年辛亥革命七十周年之际，我祖父章太炎先生的墓在杭州南屏山荔枝峰下修复了。我应浙江省之邀，前往参加了祭扫。当我阔别了十六载后，看到修葺一新的墓地，看到墓碑上"章太炎之墓"五个大字，往事涌现，感慨无限。祭扫时，很多人问起太炎先生墓的建造经过，问起为什么太炎先生要自书墓碑，为什么要选择此地建墓，等等。今据家藏材料和见闻所得，草此短文，以作答复。

墓碑来历

要讲太炎先生墓，应该从这墓碑说起，因为这墓碑与众不同，是他自己生前就写好的。为什么他要自书墓碑"念念趣死"呢？这有一段异乎寻常的经历。

辛亥革命后，袁世凯上台不久，便推翻临时约法，

暗杀宋教仁，发动对南方的战争，大肆镇压革命党人，这使曾对袁世凯有过幻想的章太炎震醒了。1913年8月，他冒危入京师，面斥袁世凯的包藏祸心。到京不久，就遭袁世凯羁禁。袁软硬兼施，太炎先生誓不屈服。1914年，他曾以绝食抗议。1915年夏，袁的帝制活动加紧，对太炎先生的迫害也随之加深，这时太炎先生的心情极为悲愤，在致我祖母汤国梨信中谓："不死于清廷购捕之时，而死于民国告成之后，又何言哉！"这时他感到如不屈从，无疑如服无期徒刑，生还无望，于是决心速死，作为抗议。当时他以七尺宣纸篆书"速死"二字，悬于壁上，并自跋云："含识之类，动止则息，苟念念趣死，死则自至，故书此二字，在自观省，不必为士燮之祷也。乙卯孟秋，章炳麟识。"并写下了《终制》一文，预筹后事。他写信给浙江青田人杜志远，托杜和刘伯温的后裔商量，要求死后葬在刘伯温墓侧。他认为刘"是攘夷匡夏之人"，自己也致力推翻清朝封建统治，志行一致，愿意地下为邻，以示景仰。信的原文是：

昨微生（注：即龚未生，章太炎长婿）以纸来，为书数行。闻君著籍青田，故诚意伯刘公（注：即刘伯温），则乡之令望，而中国之元勋也，平生慕之久矣。虽才非先哲，而事业志行，仿佛二三，见贤思齐，亦我素志。今寿几何，墓木将拱。欲营葬地，与刘公冢墓相连，以申九原之慕，亦犹张苍水从鄂王而葬也。君既生长其乡，愿为我求一地，不论风水，但愿地稍高敞，近于刘氏之兆而已。今先别书纸一幅，求刻之刘公墓前，以志景仰。微闻清人入关以来，刘氏子孙虽微贱，其族尚盛，并愿以此告之也。章炳麟白。

这封信慷慨激昂，悲愤填膺，文字又很高雅，当时曾为人们传颂。沙孟海先生曾告诉我，他年轻时也能全文背诵此信。信中"书纸一幅，求刻之刘公墓前"，即太炎先生为刘伯温撰写的碑文，原文如下：

民国四年，乡有下武，曰章炳麟。瞻仰括苍，吊文成君。于铄先生，功除羯戎。严以疾恶，刚以制中。如何明哲，而不考终。去之五百，景行相从。千秋万岁，同此家。

不久，杜志远得到刘伯温后裔刘祝群（曜东）的复信，同意了太炎先生的请求，复信如下：

诵手书，并示章子太炎撰先文成墓志碑文，珍重珍重。如碑字已书成，愿邮以畁。凡购石刻画之需，曜东任之。先文成墓在乡之夏山，明代碑刻今无存者，闻于靖难时毁灭，可慨也。周墓之旁半里许，族中有樵苏禁，无有拊者，去此则山水秀美，卜兆皆吉。买山之钱约数十千，曜东亦当商之族人，可不取直。刘曜东复。

章太炎先生闻知葬地既已解决，就自书墓碑，寄给杜志远，借此向袁世凯表示宁死不屈的气概。墓碑极简，仅"章太炎之墓"五字，写的小篆体，是他最擅长的书体。由于他大义凛然，所以这五个字写得舒展有劲，极有气魄。不久袁世凯因称帝失败，忧忿而死，太炎先生则绝路逢生，再获自由。这样，墓碑的手迹也就一直保存在杜志远的家中。

所谓"国葬"

1936年，正当民族危机日趋严重之际，太炎先生"忧心国事，触发旧疾"，[1] 于6月14日逝世，时年六十九岁。噩耗传出，"全国朝野表示惊悼"。[2] 当时的国民党政府拨款三千元治丧，我祖母汤国梨为太炎先生选购了

---

[1] 《新闻报》1936年6月15日。
[2] 《早报》1936年6月16日。

一口沙方棺材作灵榇，费资九百九十九元，"棺内用五色绸带，将尸盖没"。① 此为结殓仪式，借以表示太炎先生一生有功于五色国旗，忠于共和国体。"丧礼不从清代旧仪"，决定"采用民国元年规定之大礼帽，仿宋教仁殓"。② 祖父的生前友好纷纷前来吊唁，大家提出要求政府予章太炎以国葬，以表彰他生前功绩。于是由张继、居正、李根源、丁惟汾、程潜、谢武刚、陈衍等出面，提请国民党政府讨论。在 1936 年 7 月 1 日的国民党中央政治委员会第十七次会议上，作出了"章炳麟应予国葬，并受国民政府褒恤"的决定。③ 在同年 7 月 10 日，南京《中央日报》正式公布了《国葬令》，全文如下：

　　宿儒章炳麟，性行耿介，学问淹通。早岁以文字提倡民族革命，身遭幽系，义无屈挠。嗣后抗拒帝制，奔走拥法，备尝艰险，弥著坚贞。居恒研精经术，抉奥钩玄，究其诣极，有逾往哲，所至以讲学为重。兹闻溘逝，轸惜实深，应即依照国葬法，特予国葬。生平事迹存备宣付史馆，用示国家崇礼

---

① 《早报》1936 年 6 月 16 日。
② 《苏州明报》1936 年 6 月 16 日；《朝报》1936 年 7 月 2 日。
③ 《早报》1936 年 6 月 16 日。

耆宿之至意。此令。

关于"国葬"的地点，按其生前愿望。晚年的太炎先生见抗战已兴，但未见到战争的胜利，故有死后葬民族英雄张苍水墓侧之嘱，以期地下为邻，共迎胜利，因此决定选葬于杭州西湖之畔张苍水墓旁。

大殓毕，我祖父灵柩暂停于家中灵堂内，祖母便开始多方奔走，为他营葬事。当时祖母年已五十七，又是一双小脚，我父亲年方二十，我叔父仅十四岁，寡妇幼子，为了安葬祖父，真是历尽艰辛。当年盛夏，我祖母携我叔父赴杭州，购下了张苍水墓侧一片土地，准备作墓地。那时，祖母写了一首诗，序云："丙子夏四月外子既殁，欲为卜葬西湖，携奇儿（按：即我叔父章奇）冒暑去杭州，止于旅舍，万感萦怀，有不能已于言者。"诗曰：

> 临流清泪独潸潸，逝水何心照旧颜。
> 慢说炎凉劳俯仰，却看风月忆追攀。
> 攘夷已遂平生志，归梦空随一榇还。
> 天与斯人埋骨地，故乡犹有好湖山。

另外又写过一诗《为外子卜葬西湖苍水公墓右

一首》：

> 南屏山下旧祠堂，郁郁佳城草木香。
> 异代萧条同此志，相逢应共说兴亡。

祖母的两首诗表达了太炎先生葬于张苍水墓侧的心愿。经过祖母一年多奔走，"国葬"并未得以实施。这时抗日战争的炮火已逼近苏州，敌机常来空袭，为安全计，只得将祖父灵柩移到家中地下室内。但形势一天比一天恶化，国民党大员早已卷资潜逃，市民也纷纷避难，而祖父的灵柩还搁在家中没处入土，一家急得直发愁，于是决定暂时将祖父灵柩葬于苏州家中后园内。园内有口鱼池，阖家偷偷将水抽干，砌成墓穴，把灵柩暂厝。这是 1937 年 6 月的事。

敌伪时期

1937 年 7 月，我们全家忍痛离开了苏州，家内仅留老家人颜伯熊照料。同年 11 月，苏州沦陷，日军闯到我家，肆意掠夺，他们看到后园内有一新墓，怀疑内埋财宝，一定要挖墓，老家人苦苦劝止，遭到毒打。正在这时，有个日本军官闻讯亲来查问，当他了解到这是章太炎先生的坟墓时，喝退了日军。过了几天，居然还亲自祭奠了一番，从此再也没有日本兵来侵扰，太炎先生遗体总算保存了下来。

祖母率全家从江苏流离到浙江，又辗转到温州，经水路到达上海，避难于租界，但一家人的心都惦念着祖父的后事。祖母当时写下了一首诗《仲弟葬沪郊中国公墓，外子厝于苏寓园中，今二地相继失陷，拜扫无由，诗以志恨》：

芳草凄凄绿接天，陌头花落柳吹绵。
经年不梦吴门路，何日招魂歇浦边。
藉地血飞寒食雨，连郊烽火急狼烟。
榆钱飘尽春无主，野哭无人冷墓田。

次年，战局更加恶化，祖母又赋诗《春草绿矣，感念外子》：

春草发新绿，春禽啭清音。
念彼长眠人，黄土日以深。
黄土日以深，白发日以短。
生死两悠悠，泪尽肝肠断。

民族灾难深重，家景艰辛，祖父的营葬更是渺无希望。

不久，上海沦陷，汪伪政权为了扩大它的影响，企图利用我们的家庭声望，拉祖母下水，叫伪浙江省长傅式说（字筑隐，我家的一个亲戚）出面游说，先来诱我祖母出任伪职，后又诱我父亲出任伪浙江建设厅长，遭到我祖母和父亲的坚决拒绝。他们又以关心祖父葬事为名，前来纠缠，说什么日本天皇有国葬章太炎的意思，妄图以此笼络。于是祖母写了封信托他转致日本当局，谢绝了一切，信谓："太炎葬事，准备战事结束之后再讲，至于我们妇婴之辈，仅知家务而已。"此后汪伪之流再也没来纠缠。

抗战胜利，祖母满心高兴，以为祖父的"国葬"总可以解决了，谁知国民党的达官显宦热中夺利，忙于攘权，急于内战，早把此事置于脑后，祖母东奔西走，毫无结果。1946年6月11日邱汉生在《太炎大师之遗稿及其他》一文中，曾有记述："自太炎之殁，政府议国葬，设国葬委员会董其事，会抗战军兴，事寻寝。十载以还，委员七人，泰半零落，日前张溥泉先生谓委员会将更组，别委人选，扩为九人。国葬之举行，会当稍缓耳。抑今日物价涌贵，数千元国葬费，固亦无所用之。"这记述尚真实，然所谓"更组""稍缓"之词，其实是推托。年复一年的敷衍，一直到国民党垮台，《国葬令》依然是一纸空文，太炎先生遗体也一直默默地躺在苏州旧寓的后园，始终未能正式安葬，只是在他暂时安息的地方，加了一块石碑。这块石碑和太炎先生曾安息过的这个地方，迄今仍存在家园内，作了太炎先生的衣冠墓。这块石碑是李根源先生在太炎先生逝世后托苏州集宝斋为太炎先生镌的一幅肖像，画像出自大画家张善孖、张大千兄弟之手，并有马相伯先生题字。不久因战事起，这石碑没有竖立。战后发现仍在集宝斋，李根源先生便取出送往我家，植于太炎先生葬地，代替了墓碑，其实此碑并非墓碑。

解放以后

解放后，人民政府初建，国家百废待兴，但对章太炎墓葬这样小事，人民政府和许多党内外人士却没有忘记，至今家中还保存了上百件有关祖父营葬的各种公函和书信，今选择一二，以示一斑。如1951年，叶芳炎同志（当时任上海人民法院副院长）帮助我祖母去浙江人民政府联系营葬，结果浙江省人民政府办公厅发出代电：

上海市人民法院叶副院长：

前接你函，介绍章夫人汤国梨女士来杭洽商营葬章太炎先生西湖墓地事，当以章先生身前为一代

国学大师，且系先进民主人士，允宜酌情照顾。经
转交杭州市建设局西湖园林管理处与章夫人数度面
洽，并会同前往墓地查勘，除已由双方勘定适当土
地留作坟穴外，并征得章夫人同意，在章先生未营
葬前，其墓穴空地可暂仍由西湖园林处用作南屏苗
圃之需，俟营葬墓穴需用时立予收回，双方约有成
议在案。兹以章夫人返里已有数月，营葬尚无定
期，特将经过情形函知你处，请即就近转告章夫人
为荷。

浙江省人民政府办公厅秘叩

一九五一年六月十六日

代电所说"汤国梨女士来杭洽商营葬"，我是随祖
母一起去的。民主人士沈钧儒（当时任最高人民法院院
长）、马叙伦（当时任高等教育部部长）两位先生，也很
关心祖父的葬事，曾函请浙江省长谭震林同志，要求免
征太炎先生墓地地价税，以减轻我家负担，得到谭震林
同志复信：

钧儒院长、叙伦部长赐鉴：

　　接奉一月十二日函示，暨汤国梨女士抄函，均悉。
承嘱免征反帝哲人章太炎先生墓地地价税一节，已转

饬杭州府酌情予以照顾。特此函复，并盼转告为荷。

　　此致

敬礼

谭震林

一月十九日

　　太炎先生生前好友田桓先生，为太炎先生营葬事，亦曾函呈政务院周恩来总理。这件事在港刊《广角镜》上也有记载，[①] 在此节录原文如下：

　　　　解放后不久，章师母跟我说这件事，我写了一封信直接寄给周恩来总理，告诉他太炎先生的灵柩埋在苏州章氏寓所的房子底下，当时是怕日本侵略者破坏灵柩。我在信上说：太炎先生辞世时，国民党政府曾扬言要举行国葬，但是不久他们就逃难去了。抗日战争胜利后，国民政府还都南京了，可是他们又忙着打内战，忘了这件事。现在解放了，人民政府绝不会忘记这件事。我还告诉周总理，太炎先生的遗愿是把他的灵柩葬在杭州张苍水墓隔壁。没过多久，周总理回复我一封亲笔信。总理说："你的提醒很好。这是件大事，我们一定要安排好。我

---

① 《我所认识的孙中山——田桓先生访问记》，《广角镜》第 109 期。

已发函告诉江浙两省隆重处理。"后来我被邀往参加了江苏省为章太炎组织的送葬委员会，又参加浙江省的治丧委员会。人民的政府把太炎先生的遗体在杭州隆重安葬。

田老也曾多次跟我谈起这段历史，每次总要称颂周总理是无愧于人民的好总理。田老还告诉我说，周总理在信中还说了太炎先生是一代儒宗、朴学大师，学问与革命业绩赫然，是我们浙江人民的骄傲等等，可惜这封珍贵的信在"四人帮"作乱时被抄失了。

在周恩来总理直接关怀下，太炎先生的灵柩破例地得以在杭州的风景区安葬。葬礼非常隆重，据当时报载转录一二：

章太炎先生治葬委员会启事

兹定三月三十日自苏州恭迎章太炎先生灵柩迁葬于杭州南屏山北麓（张苍水墓东南）。四月三日（星期日）上午十时在墓场举行公祭，祭毕安葬，特此公告。（《浙江日报》1955 年 3 月 30 日）

章太炎先生灵柩迁葬杭州

章太炎先生的灵榇，在昨由本市将运往杭州

1981 年杭州修复了太炎先生墓，后汤夫人也归葬墓侧。

安葬。章太炎先生治葬委员会苏州办事处特于昨天（廿九日）上午在锦帆路八号举行公祭，下午，并护送章先生灵榇至苏州车站，今日运至杭州，安葬南屏山麓。章先生家属及治葬委员会等二十余人随往参加葬礼。（《新苏州报》1955年3月30日）

1955年4月3日，章太炎先生遗体在他逝世十九年后，在中国共产党领导下，人民政府给予隆重安葬，并满足了他生前傍张苍水墓而葬的愿望，安葬的全部费用悉由国家承担，连四面八方赶来参加葬礼的人，也是国家招待，这真是名副其实的国葬。葬礼由马一浮先生主持，全国政协和江、浙两省党政机关都送了花圈，邵裴子、范烟桥、宋云彬、田桓、汪东分别致了悼词，沈钧儒、黄炎培、马叙伦等发来唁电。很多人致送了挽诗挽联，其中张松身先生的挽诗和周瘦鹃先生的挽联，对营葬事发出了深切的感慨，为一时所传诵。张松身先生诗云："一代宗师传朴学，慭遗天忍丧斯文。救时论在昌言报，痛逝书焚革命军。生慕伯鸾充大隐，殁依苍水峙高坟。首丘归正清明近，郁郁南屏护白云。"周瘦鹃先生联云："吴其沼乎，昔诵遗言惭后死；国已兴矣，今将喜讯告先生。"我祖母在追悼会上致了答词，对党和人民政府与人民团体的关怀深表感谢。①

祖父的墓建在张苍水墓东南约五十米处，墓是用青石砌成的圆形拱墓，墓廓前有石祭桌一张，左右有石凳各一条，墓台周围龙柏成行，墓后修竹相映，一切显得古雅、朴实、庄重。墓碑有一人高，上面刻着"章太炎之墓"五个大字，这几个字就是当年由杜志远先生保存的太炎先生的亲笔。四十年后，杜志远先生的儿子杜威长老（当时为杭州佛教协会会长）听说营建太炎先生墓时，献出了这张保存多年的手迹，制成了墓碑。这就是太炎先生墓地、墓碑的来历。

墓落成后，浙江省人民政府把太炎先生的墓列为省重点文物，予以保护，并将墓碑原文的真迹交省博物馆珍藏。

"文革"期间

《章太炎营葬始末》本可搁笔了，然而"文化大革命"中，死了多年的太炎先生也遭到株连，墓地荒芜，野草蔓生，最终也未能幸免。当时他的墓地被围入部队的驻地内，划为禁区。但是还有人怀念他，周建人副委员长就在 1971 年初春途经南屏山时，请司机在太炎先

---

① 《章太炎先生灵柩昨日安葬南屏山北麓》，《浙江日报》1955 年 4 月 4 日。

五十年后（1986 年），弟子为太炎先生扫墓，前五位均是弟子。后面是作者。前排左起依次为汤炳正、姚奠中、李希泌、陈冬辉、饶钦农。

生墓前停车，走到墓前，久久伫立，沉默不言，老泪潸然，良久才说了一句："我相信，我们的民族一定会好起来的。"

"文化大革命"期间，章太炎在当了一阵"尊孔派"后，忽然又被捧为"法家"，"四人帮"把他当作民主革命的"旗手"，去攻击革命的先行者孙中山先生，攻击老一辈无产阶级革命家。但他们一方面大吹大捧，另一方面却在 1974 年把章太炎先生的墓夷为平地，改为菜圃，墓碑也不知去向了。太炎先生遗体被弃之野地，棺椁被周围农人拆了用于家用，最后有一农人不忍见太炎先生遗体暴于日下，于是将太炎先生草草掩埋于一小沟之中。而此时全国正轰轰烈烈在"学习中国十大法家"之中，太炎先生还被毛泽东亲定为"十大法家"之一，但他的墓正于此时被挖掉了。

重建陵墓

江青一伙的倒行逆施，并没能使历史改变进程，周建人副委员长预言的一天终于来到了。在粉碎"四人帮"后，党和政府对章太炎作了实事求是的评价，称他是中国历史上杰出的爱国主义者。①

胡耀邦同志在纪念辛亥革命七十周年的讲话里，也肯定了章太炎的历史功绩。国家在国民经济遭受林彪、江青一伙的严重破坏，财政困难和出版紧张的情况下，仍然抓紧整理出版太炎先生的全部著作，并拨出专款修复墓地。驻在墓地的部队也腾出了墓区，还拆除了造在墓前的部分房屋。太炎先生遗骸在多方寻找之后，终于找到了当年草埋太炎先生的农人，在他指点下，找到了遗骸，但只剩下几个大骨头了，经法医鉴定，认为应是太炎先生遗体，于是被收入一氅，安葬于墓穴之中。

----

① 《人民日报》1981 年 3 月 18 日。

1981 年 10 月 12 日，浙江省党政领导铁瑛、薛驹、毛齐华同志等数百人，冒雨参加了修复太炎先生墓地的竣工典礼，人们闻讯，纷纷从四面八方前往凭吊瞻仰。浙江省人民政府 1981 年三十八号档再一次宣布将太炎先生墓列入省文物保护单位，加以精心保护（2006 年又被列入全国文物保护单位）。这一切，先人如果死而有知，应当含笑于九泉了。

五、章太炎纪念馆

"文革"结束后，祖父的墓首先得以修复，接着，被抄去的文物陆续被发还。尽管不少精品并没有发还，但发还的文物依然数量众多，面对这些失而复得的文物，我们仍忐忑不安，不知能否守得住这些东西，一旦缺失一二件，我们岂非又会成为罪人。

有三件事让我们深感不安：在上海人民出版社与有关专家来我家整理资料，准备出版《章太炎全集》过程中，一大包祖父研究佛学的手稿不翼而飞了；在一次举家去杭州扫墓时，祖父的一枚大勋章，父亲用胶带小心地黏在大橱底下，然后锁上房门外出了，然而扫墓归来，大勋章竟不翼而飞了；祖父的另一枚大勋章，借给江苏省博物馆展出，竟也不翼而飞了。怎么守住祖母殚精竭虑保存下来的祖父留下的有关文物，让我们后人深感焦虑。

1981 年，在辛亥革命七十周年之际，祖父墓地首先得以修复，我与念祖哥应邀参加了浙江省修复典礼及有关活动，以后我又应浙江省政协邀请，参与祖父逝世五十周年纪念会及国际学术研讨会筹备工作，认识了浙江省政协主席王家扬、省文化厅长毛昭晰、省文物局长叶遐修、杭州市园文局副局长陈文锦、省外办主任王力夫等领导，开始跟他们探讨建立"章太炎纪念馆"的可能性，地址就选择在祖父墓前——南屏山下荔枝峰山麓。这片土地原是我们家属在祖父去世后购下的一片墓地。我们希望纪念馆能成为祖父生平事迹的展览中心、学术研究中心、文物收藏中心，同时也允许祖母能傍祖父安葬。如能成愿，我们愿将家中一切收藏悉数捐给国家，交杭州园文局收藏。这样既可了却我们后人的忧虑，又能为杭州山湖增光增色。

我们的建议受到了这些领导的高度重视，我不能不说这是我遇见的最懂文化最有历史责任感的人，经过我与他们反复酝酿，逐步形成了文物捐献与纪念馆成立的蓝图。为此我们几度赴北京，去苏州，到上海，抵杭州，反复协商，最后我设法去说服家父和兄弟姊妹，好在父亲丝毫没有反对之意，很顺利地促成了此事。

1986 年我们正式向国家办理了文物捐献的手续，捐赠的文物共八千多件，我的姊夫陈光耀用了数月时间，

1986年，我们向国家捐赠家藏物品八千多件，国家给予了高度赞扬，在北京历史博物馆作了展出，在中南海举行了颁奖仪式，薄一波、邓力群、王蒙等代表国家授奖。父亲（中坐者）及我们子女五人参加颁奖，浙江省有关领导毛昭晰（前排右一）等与会。浙江为此修建"太炎先生纪念馆"，收藏这批文物。

帮助作了文物登记。内有手稿三百七十多种，著作原稿一百一十四种，重要文稿数百件，还有许多政治上电文宣言等。书法作品八十三幅，私章二十多枚，藏书一大批（内有邹容《革命军》原版本等重要书籍，又有朱梅邨全部手稿，等等），碑帖数百幅（许多皆绝版精品，如原刻四骏图、洛阳出土三体石经原拓本十册，等等），古钱币一整套（均为祖父精心收集，按年次排序，内有许多珍贵精品。其中有一枚系王莽十布，是祖父为潘景郑父亲作寿序，潘家花数百银元购得作为润笔送祖父的），以及玉器、铜器、古玩（包括秦代有铭文的度量衡数种，等等）及生活用品，我们甚至将"抄家清单"，连同发还的全部抄家物品，统统捐献给了国家。当时主持中央工作的胡耀邦闻讯后，在文件上批示称："如今偷国家文物的有，倒卖国家文物的也有，将这么多文物捐给国家的人没有，这证明章太炎先生是爱国的，章氏后人也是爱国的。"

于是中央决定邀请我父亲及兄弟姊妹去中南海参加捐赠的颁奖仪式，并将这些文物在国家历史博物馆公开展出。这批文物最后交杭州市园文局收藏。因此杭州市政府特别拨款在西子湖畔，在祖父墓地前空地上，建造了"章太炎纪念馆"。在1988年1月12日，祖父诞辰一百十九周年之际，纪念馆正式落成。这是一个仿古式园林建筑，占地约二千平方米，庭中大厅为陈列馆，左右两侧也是两个陈列厅。这是一座小巧恬静、收藏丰富的历史名人纪念馆。展览厅左侧，又有一个小庭院，围了一个小池，筑有库房、办公室、会议室、小卖部等附属建筑，各种功能一应齐全，加上电子的遥控，先进又安全。这是祖父的最好归宿，也是他的文物最好的归宿，也了却了我们后人的心愿。这些年来，纪念馆办过多次研讨会和纪念会，办过多次巡展，出版过多种书籍，也接待了国内外许多参观者，成了一个爱国主义教育的基地。

杭州园文局也拨款三十万元，专门奖励我们家属，他们先给了我父亲二十万元，准备我们今后再捐赠时，再奖励十万。在三十年前，这笔奖金，虽与文物价值不可相比，但也价值不菲。父亲拿了这钱，帮单位"办公司"，这是大家都知道的事。四年后，他去世了，"组织"上说，不知道有这回事！于是这笔钱也不知所终了。但好在祖父的大部分文物都保存了下来，纪念馆也成了美丽杭州的一个景点，它们会比我们这一代人，比钱，更长久地流传下去。

纪念馆落成，当时的全国人大常委会副委员长周谷城先生为纪念馆题写了匾额，悬于大门口的门框之上。全国古籍整理出版规划领导小组组长、原中联部部长李一氓来电，称："太炎先生是中国近代史上著名的革命家，又是在学术思想上做出巨大贡献的学者，杭州为其原籍，建馆纪念，实有重大意义，特此电贺。"姬鹏飞国务委员为纪念馆题写了"近代英杰"四个大字。全国人大常委会副委员长楚图南题写了"先哲精神，后生楷范"八个大字。全国人大常委会副委员长朱学范题了"一代文风"四个大字。全国政协副主席屈武题写了"革命前驱，文章泰斗，纪念先贤，湖山不朽"十六个大字。沙

我的一家在杭州西湖畔章太炎纪念馆内（2023年）。

孟海先生写了巨幅楹联："荆汉昌言是旧民主革命健将，泌丘高致推本世纪国学宗师。"这一切与纪念馆都成了永久的纪念。

六、章太炎故居

祖父是余杭人，他出生在杭嘉湖平原西南尽头的仓前镇，这是京杭大运河的南端塘河畔的一个富饶的乡镇，沿着塘河有着一条古老的街道，长一千五百米，旧称三里街，当年是江南水乡的一条繁荣古镇，这里盛产大米，又交通发达，南宋在老街北侧建了著名的临安粮仓，仓前即以此闻名于世。老街中段，即是祖父的故居，他出生于斯，成长于斯，早年在此奠定了他的人生观与文化观，二十二岁后才离开家乡。这片土地与这个家庭，孕育了一个杰出的爱国主义者、一个了不起的国学大师。

清后，此镇几度遭战火摧残，尤其是经太平天国战乱，逐渐由盛而衰。1949 年后，它仅仅是杭州市的一个郊县，仅仅是一个农业县，发展缓慢；却又犹如世外桃源，去一次仓前，十分不便。故居在 1949 年后被国家财税部门接管，故居内居民与单位杂居，已完全没有了当年模样。其实，早在 1927—1929 年，国民党定都南京后，就两次将祖父定为"反动派"，将他在仓前的一点薄产，都作为"逆产"而没收了。

我第一次去故乡仓前是 1986 年，"文革"后的第十年，我已是四十四岁的一个中年人了。这一年是祖父逝世五十周年，纪念他的国际学术研讨会在杭州举办，于是余杭第一次修复了他的故居，组织所有与会代表瞻仰了他的故居。这是我第一次踏上故乡的这片土地。除了一个水泥厂外，这里丝毫没有一点点现代化可言。

1985 年故居作了第二次修葺，1986 年被列为县文保单位，1997 年被列为省文保单位，2006 年被国家列为全国重点文物保护单位。2008—2010 年，余杭政府再一

余杭修复了太炎先生故居，图为古老塘河边上的故居外貌。

余杭修复了太炎先生故居后，被列为全国文保单位，图为厅堂（扶雅堂）。

次拨专款加以修葺。在 2012 年 1 月 12 日，在祖父诞辰一百四十二周年之际，故居重新开放供参观，以全新姿态向世人展现了祖父青少年时代的风貌，完全令人刮目相看了。

故居是坐北朝南的一座三间四进的木结构建筑，面积有八百一十一平方米，由轿厅、正厅、卧室、书房、厨房等组成，反映了当时章家较温馨悠闲的知识分子家庭生活面貌，以及祖父读书成长的环境。第四进则是展览厅，分成四个展厅，反映了祖父的主要成就。展览以漆画、浮雕、圆雕、油画、多媒体等方式，展现了祖父波澜壮阔的一生，反映了这片土地如何养育了这个民族的骄傲。

在辛亥革命一百周年之际，故居与老街都列入了余杭区"文化名区"战略的"十大文化工程"之中，在故居旁，设立了"国学讲堂"以及会议室等附属建筑，构成了一个完整的整体，搞了许多以文化为主题的公益活动，让祖父的故乡重焕文化活力。2008 年，仓前召开了"太炎精神"研讨会，邀请了许多学术界重量级人物与会，一个原来经济文化都很落后的地方，竟关心起学术文化，家乡的变化真太大了。余杭从以前的农业县，一变为多种经济的集聚地，它的产值与经济排名竟排到全国最富裕县的前三位，这真是翻天覆地的巨变。

令人完全没有想到的是，古老的老街对面，与塘河一河之隔的对岸，几千年来的一片稻田，竟出现了一个庞大的现代化的科创中心——中国最有希望的四个科创基地之一，吸引了成千上万科创人员在这里创新，魔术般地树起了一个现代化的创新城市：形成了以杭州师范大学为代表的高校学术文化圈；以未来科技城海创园的高层次人才为代表的"海归"文化圈；以阿里巴巴的"梦想小镇"为代表的"创客"文化圈。其规模与气势可以说超过了上海的浦东开发区。连浙江省委党校也搬到了仓前，给仓前带来了一大批高水平的邻居。现代文明与古代文明和谐地结合在一起，一边代表现代、未来、创新、高科技；一边代表传统、人文、学术、文化。我相信，故居、国学、小镇、传统文化，一定能与"创客"产生共鸣，相互滋润，形成新的文化，带领仓前、带领余杭起飞，写出新的历史篇章。

如今余杭早已脱掉单一粮食县的地位，从贫穷区变成了浙江省四强区之一，又跻身全国十强区之一，名列全国百强县之首，一年的 GDP 达 2824.02 亿。破旧的仓前也焕然一新，变成了全国观光地之一。故居从 800 多平方米，扩大到 1700 多平方米，如今又扩大到 4000 多平方米，集保存、宣传、收藏、研究于一身，吸引全国各地参观者，成为爱国主义、文化、学术、宣传基地，

太炎先生小儿子章奇（1924—2015），上海交大毕业，曾任学生会主席，1947年赴美国留学，毕业于麻省理工大学，获化学博士，师从美国"化学之父"，在3M公司搞研发，有很多发明与创造，但始终没有归国，也没入美国籍，终生未婚。照片系他与导师合影。

叔父章奇晚年照片。照片中他手拿有关父亲的著作，一直心怀父亲，心怀祖国。

章奇的遗物我们分三批捐献给故乡余杭，收藏于章太炎故居纪念馆，并归葬于故乡——余杭仓前。主持人是时任余杭宣传部长王姝，右一是时任文广局长冯玉宝，他们都是章太炎故居建设与《章太炎全集》出版的助推人。

2019 年故居组织纪念太炎先生诞辰 150 周年活动，与会代表在故居门口合影。

创办了《章太炎研究》集刊并出版众多论文集、研究著作。我们后代也不断捐献文物，把故居视为自己的家。

七、章太炎全集

出版祖父的全集，一直是他的家属、弟子和学术文化界的夙愿，这愿望直到"文革"结束后的 1978 年，一个万物初醒的年代，一些懂文化有历史使命感的人走上了领导岗位，他们迫不及待地要给十个历史人物先出版全集，祖父也是其中一位。

国务院恢复了"古籍整理出版规划领导小组"，由李一氓先生担任组长，决定首先出版十个历史人物的全集，首先从历史人物身上"拨乱反正"，以正视听，恢复历史真貌。这十个历史人物中就有我的祖父章太炎先生，并责成其全集由上海人民出版社出版。在当时中国，一个人的全集是不可以随便出版的，是要国家批准的，是一件严肃的大事。

于是我祖父的弟子——山东大学王仲荦教授，带头四处奔走，组成了一个《全集》整理团队，共三十个人，其中有三分之二以上是章门弟子，也有多位研究章太炎的著名专家。大家作了分工，大多数人只负责点校一两个部分，也有积极性高的，一人认领了五六个部分以上。如姜亮夫先生负责点校一个部分，但他表示年老精力不

太炎先生故乡余杭在改革开放中，改天换地，兴旺发展，积极资助《章太炎全集》的整理与出版。图为全集第一辑出版座谈会，在余杭仓前举行。

济了，于是让他弟子崔富章先生代完成。如汤志钧先生，是研究"章学"的专家，他承担的任务最重，除《诂经札记》外，还有《书信集》《电稿集》《译文集》《文录续编》等，这些都是要长期广泛收集与编订的。我作为"家属代表"也忝列其中，给我的任务是编《演讲集》与《医论集》，要从祖父一生著述中去一一收集编订，最为冷僻，能否成功，要看自己造化。我作为"家属代表"，是祖父众弟子意见，他们希望"章门"不致断后，而不是真正所有家族成员的意见。

《全集》从 1980 年起步，上海人民出版社编辑与专家到我们家收集资料与拍摄照片达数月，做了大量工作。到 1994 年，先后出版了八卷。由于市场出现了"经商大潮"，文化市场严重萎缩，又因为成本、人力等因素，《全集》被搁置了起来。加上王仲荦教授作古，群龙无首了——虽然《全集》没有设立"主编"，但仲荦教授实际起到了主编的作用——《全集》因此陷入困境。

经过三十年改革开放，我们的家乡——浙江余杭变化发展尤为惊人，经济上去了，文化也不甘落后，先后办了几次太炎精神研讨活动。章太炎的学术与精神，原属文化高端范畴，现在家乡也愿意弘扬了。于是我撮合余杭区政府与上海人民出版社共同出版《章太炎全集》，双方一经接触，一拍即合，于 2012 年达成了合作出版协议，成立了《全集》的学术委员会，许嘉璐先生慨任主任；又成立了工作委员会，余杭不仅出钱，更起了重要的工作推手作用，与上海人民出版社先后召开了二十二次各类会议。直至 2017 年 4 月，二十册《全集》终于出齐，9 月在北京召开了发布会与学术讨论会，宣告合作圆满成功。

当年余杭区委宣传部王姝部长等专程去北京邀许嘉璐先生出任学术委员会主任时，许先生说："出太炎先生全集是大事，也是难事。"当时大家对此话的认识也许是不足的。在以后五年的实践中，大家才真正深有体会。这二十册全集，可以说是逼出来的，也是被赶出来的。出版分成了三个阶段，第一阶段是修订重印前八卷；第二阶段是出版《演讲集》《〈说文解字〉授课笔记》《译文集》等五册；第三阶段出版《文录补编》《书信集》等七册。

出版工作的重头戏是原汤志钧先生承诺整理出版的部分，他无暇顾及了，该由谁来承担，这不仅涉及点校，还涉及收集整理，没有二三十年功力是编不出来的，稍有不足，又会招来铺天盖地的批评。这么多卷全集出版，编辑力量够不够，能不能把好关……这就是出版的难度。幸好中国社科院近代史所马勇先生勇于承担，先后完成了《书信集》二册、《文录补编》二册、《译文集》一册等多种，这都是前人没有编订过的，这好比演戏救场，使《全集》得以圆满画上了句号。马勇先生还承担了太炎先生六七种著作的点校，贡献实大。虞云国先生等也参与点校整理。责任编辑张钰翰博士一人完成了超过一半的编辑，作出了比较大的贡献。

《全集》出版可划分三种。第一种是原有的大部头著作，只要组织点校即可；第二种是将几部单独的著作合并成集，也只要加以点校即可；第三种是将散落在各处各地的著述收集起来，编成如《演讲集》《书信集》《医论集》《文录补编》等，再加以点校。

《全集》按计划应该编二十册，十七种，现在虽也出版了二十册，独缺太炎先生最重要的《佛学集》，实际出版的十七种，其中用一本《附录》代替了《佛学集》。《附录》不是太炎先生著作，是纪念太炎先生的一些文章及研究太炎先生的著作目录，很有阅读价值。

按时间先后与种类划分，《章太炎全集》包括以下十七卷。

第一卷 《膏兰室札记》等

这一卷是太炎先生早年在杭州诂经精舍跟随俞曲园先生等读书期间的读书札记，有《膏兰室札记》三卷（缺第四卷，原为太炎先生弟子收藏，后被其后人拍卖，暂不知去向。这一卷主要是读诸子的札记）。《诂经札记》是读书的"课艺"，也就是当时作业。《七略别录佚文徵》也是读书期间的写作。这些文字均为章氏家族旧藏，属第一次公开发表。

从这卷文字中可以看到年轻时期的太炎先生对古代文献的刻苦钻研，对群经的考证，涉及之广，研究之深，奠定了他一生的学术基础。太炎先生七岁开始读书，由他外祖父亲教，至十三岁改由父亲亲授，已对传统文化打下了扎实的基础，二十二岁入诂经精舍全面深造，到1896年二十九岁离开诂经精舍。这一卷内容，就是太炎

2017 年 9 月，《章太炎全集》二十册完工，在北京召开出版研讨会。

先生读书期间的习作，他一生的许多重要著作，就是在这期间形成了雏形。这些是研究他学术思想的重要文献。

《膏兰室札记》25.2 万字，由沈延国先生整理点校，余二篇由汤志钧先生点校。均为第一次公开发表。

第二卷　《春秋左传读》

这一卷是太炎先生早年读书期间（1896 年前）完成的第一部专著，他"承袭乾嘉汉学传统，熟练地运用前人文字音韵学成果，广泛地对《左传》和周、秦两汉典籍进行比较研究，在考订诠释《春秋左氏传》古字古词、典章名物、微言大义方面，提出了不少精到的见解"。全著 50 万字，由姜义华先生整理点校，收集了各种版本与稿本，一一加以梳理与校勘。

《春秋》是中国儒学"六经"（《易经》《诗经》《书经》《礼经》《乐经》《春秋经》）之一，记载了当时历史，孔子删《春秋》，希望以史为鉴，"使乱臣贼子惧"，是重要的历史文献。《春秋》全书 1.6 万字，记事 1800 多条。《春秋》有三传，分为《公羊传》《榖梁传》《左传》，前二传系今文经，后者为古文经。太炎先生是古文经学派，故作《春秋左传读》，希望对这一经典加以系统梳理。

收入第二卷的，还有两篇相近的文章，即《春秋左传读叙录》和《驳箴膏肓评》，也由姜义华先生点校。《春秋左传读》与《驳箴膏肓评》均为第一次公开发表。

第三卷 《訄书》《检论》

《訄书》是太炎先生早年最重要的作品。他在离开诂经精舍之后，踏上了救亡道路，先后在《昌言报》等报刊从事笔政，发表了许多文章，反映了他从维新、改良到革命的心路变化。《訄书》是他第一本自编的文集，以后他又随思想变化，删改文集。初版《訄书》形成于 1900 年前后，删定的《訄书》形成于 1902 年前后，辛亥革命后，又将《訄书》增删为《检论》。该书讨论了中华民族的起源，"六经"的形成与内容，古代中国的思想学说史，中国的人口、语言、文字、心理、宗教、风俗等社会问题，提出了制度改革的设想，对历史人物的评价，总结辛亥革命的教训等。这是一本公认的阅读难度极高的文集，由朱维铮先生精心校点，收录了《訄书》初刻本、《訄书》重订本、《检论》三个版本，并作了细勘细校。全书44万字。毛泽东生前很赞赏《訄书》，这里面有跟他相似的反抗精神，他在生前最后日子，还嘱印《訄书》大字本送他阅读。

第四卷 《国故论衡》

《国故论衡》是太炎先生1906年自上海出狱后，东渡日本，至1911年流亡日本五年中，对中国传统文化的系统论述，他把中国传统文化称之"国故学"，即今人称的"国学"。他从小学、文学、诸子学三个方面论述了中国传统文化的精义，精辟而充满新意，被人称为五百年来第一巨作，让胡适等学人都拜倒在他的门下，自认为他的"私淑弟子"，可见影响之大。

太炎先生学问首先在于他精通"小学"，即音韵文字学，尤其精通音韵，他继承清代"以音求义"的治学路径而有所发展，对文字的形义与训诂一目了然，所以他治学比人高出一筹，收获超过众人。世称"枚叔文章天下第一"，其对文学的研究也充满新意。他早年对孔子有众多批评，将孔子从几千年的"大智大圣"的宝座上拉了下来，在思想上结束"儒学"独尊地位，适应了推翻清廷统治的政治需要。他重视长期以来被忽视和贬低的庄子、荀子、墨子等诸子，推动了"诸子学"的复兴，认为从任何方面来讲，地位不在儒学之下，开启了"五四"前后的思想大解放。

《国故论衡》有"先校本"与"校定本"，共22万字。"先校本"由王培军先生点校，"校定本"由马勇先生点校，让今人可以一览《国故论衡》的全貌。"校定本"是在"先校本"基础上进行较大改动的本子，"先校本"由周振鹤先生提供，系第一次面世。

第五卷 《新方言》《文始》《小学答问》等

这一卷集结了太炎先生论音韵文字学的几部力作。《新方言》与《岭外三州语》由蒋礼鸿先生点校，《文始》由殷孟伦先生点校，《小学答问》由殷焕先生点校。还收录了《说文部首均语》与《新出三体石经考》，由钱玄同先生抄录。全书30万字。

学术界公认太炎先生学术成就最高的是"小学"，即音韵文字训诂学。他精读《说文》数十过，对九千个汉

太炎先生擅长以小篆作联。

字个个了然于心，熟悉每个汉字的读音与沿革，所以研读经典会比一般人有更多收获。这几部著作都完成于1911年之前，即他流亡日本期间，其影响力至今没有消歇。他与弟子黄侃，都是被公认的"小学大师"，他们之间有继承，有发展，形成了"章黄学派"，在音韵文字学方面至今保持着领先地位。《新方言》《文始》《小学答问》三书是太炎先生"小学"的最重要的代表作，也是治音韵文字学的必读书。

第六卷 《齐物论释》《庄子解故》等

这一卷主要收录了太炎先生对诸子研究的重要著作。《齐物论》是庄子的著作，太炎先生用佛学去解读庄子，使儒、道、佛相结合，加以融会贯通。他借用古老的学说，去宣扬和解释现代的平等自由思想，使传统经典焕发出现代新义。他对自己这部著作自视很高，称"千年未睹""一字千金"。《庄子解故》《管子余义》也都是 1911 年前在日本流亡期间完成的著作。

该卷还收录了太炎先生的《广论语骈枝》《体撰录》《春秋左氏疑义答问》。体例上似乎与前面三种不合，今后如出《全集》修订本，可以另外归类。《春秋左氏疑义答问》是他对早年《春秋左传》研究的补充，凝聚了他一生的智慧。

《齐物论释》《齐物论释定本》由王仲荦先生点校，《庄子解故》由朱季海先生点校，《广论语骈枝》由陈行素先生点校，《体撰录》由沈延国先生点校，《春秋左氏疑义答问》由崔富章先生点校。全书 24.4 万字。

第七卷 《菿汉微言》《太史公古文尚书说》等

这一卷收录太炎先生八种不同内容的作品。全书 27 万字。

《菿汉微言》是他 1914 年至 1916 年被袁世凯囚禁

北京钱粮胡同期间，与弟子吴承仕先生论学的记录，共一百六十多条，内容多涉玄学。《菿汉昌言》也是以论学形式写的札记，也是成于他失去一定自由的时期（1925年至1928年之间），只是是由他自己记录的。《菿汉雅言札记》，是他弟子但焘记录的太炎先生论学的笔记，这些也可称为太炎先生"口义"。这样的口义，还有徐沄秋先生记录的《先生语录》九十条，孙世扬先生记录的《语录》十七条，还有太炎先生自己记录的《菿汉闲话》，可惜这三个部分收录在《文录续编》《文录补编》之中了，今后若出修订本，可归于同类。这些口义或论学记录，生动精炼，内容丰富，是他对中国整个学术文化史的思考，还没有引起学术界的广泛重视，这是个文化宝库。"菿汉"也是太炎先生的号。这三种著作都由虞云国先生点校。

《刘子政左氏说》是太炎先生流亡日本期间的著作，是他对《春秋左传》研究的继续。《太史公古文尚书说》《古文尚书拾遗定本》是太炎先生晚年对"六经"中的另一部经典《尚书》研究的力作。他作为"经学大师"，早年致力于对《春秋左传》的研究，晚年致力于《古文尚书》研究，自诩在他之前，人们对《尚书》仅能读懂十之六七，而他的这几部著作问世，终可让人读懂《尚书》的十之七八了，"胜于清儒"，是他一生的又一大贡献。太炎先生晚年致力《古文尚书》研究，有洛阳出土《三体石经》的刺激，新史料引发了他的研究。这三部著作由马勇先生点校。

《清建国别记》是太炎先生 1924 年的作品，是他对清朝建国史的力作，也是他史学研究的代表作。与他的《尚书》研究一样，他善于运用新史料，因有故宫"搜出旧档案数百麻袋"，而有《清建国别记》一书的问世。此著是研究"清史"的必读著作，由马勇先生点校。

《重订三字经》是太炎先生晚年作品。《三字经》是历代启蒙读本，内容涉及整个历史，太炎先生重订这本读物，以新史观启蒙孩童，增订三分之一，更订百分之三四，以合时代之需。这部著作也是由马勇先生点校。

第八卷 《太炎文录初编》

《太炎文录》分为"初编""续编"及"补编"上下册，共四卷。《文录初编》出版于 1916 年，收集了太炎先生大部头作品以外的大量诗文。鲁迅先生说："先生战斗的文章，乃是先生一生中最大、最久的业绩。"而这些代表太炎先生的文学观、史学观、哲学观、政治观的文章，则散落在《太炎文录》之中。

《太炎文录初编》收集了太炎先生辛亥革命前后的各种文章，《文录》一百二十七篇，《别录》三十九篇，《补录》八篇，许多重要的政论文和学术文都收于其中，是研究近代政治史和学术史必读之作。本卷由钱玄、张芷、祁龙威、程敦复、王子慧、汤炳正等参加点校，徐复先生综合复校，总其成。全书35万字。

第九卷 《太炎文录续编》

《文录续编》成书于1938年，即太炎先生逝世后二年，由他弟子孙世扬先生编订，得黎元洪之子黎重光资助出版，收录了《文录初编》未收的各种文章一百七十多篇，韵文诗歌六十七首，但没有收录书信。《续编》以太炎先生晚年著述为主，极有研究价值，要全面了解太炎先生，不能不读此书。全书28万字，由黄耀先先生总负责，饶钦农先生与贺庸先生点校。

《文录》中确有许多他为各种人物写的墓表、墓志、寿序等，曾被讥为"为富人写文章"。太炎先生一生以讲学与卖文为业，免不了为各种人写这些文字，但他并不因为卖文而失人格，依然坚持实事求是，扬善抑恶，是非清楚。他为有些人写传，如被蒋介石暗杀的史量才等，他不仅敢为他们写传，而且分文不取。

第十卷 《太炎文录补编》上、下册

补编太炎先生文录，一直是社会的期待，编全集最难的就是要将一个人一生中散落于各处文章按类收集起

来，这工作没有二三十年功力，没有一个全面了解与搜集，是做不到的。在《太炎文录》初编、续编基础上，马勇先生编了《太炎文录补编》，收入了从 1894 年至1936 年太炎先生散落于各处文章四百多篇，共 66 万余字，按时间先后排列，提供给广大读者全面阅览太炎先生众多著述的机会。这些文章反映了太炎先生一生的思想、政治主张、学术心得……弥足珍贵。这二册新编是第一次面世。

马勇先生说：太炎先生是令人崇敬的人，他在做研究生时，就跟朱维铮、姜义华先生研究太炎先生，几乎花了他一生精力，收集相关资料，终于编出了太炎先生《文录补编》上下册，《书信集》上下册。这中间一定有疏漏，有不足，但可以无愧地说——我们尽力了。是的，参与《章太炎全集》编订校点的人，也许都没有太炎先生的水准，没有像他这样伟大，但大家都尽力了！

第十一卷 《书信集》上、下册

这一卷是太炎先生的书信集与电文集，共上下二册，82 万多字。除了书信以外，还包括了电文，都是第一次面世。这是了解太炎先生与研究太炎先生最重要的第一手资料。一个人的书信往来与电文往来，最能反映他的思想，最为史学界所重。太炎先生繁忙丰富的一生，与人的通信与电文，是他一生最重要的组成部分之一，也是当时人们交流交往的最重要的手段。收集他散落在各处各人之间的信件与电文，又是最困难的。但马勇先生收集了近千通手札与电文，实在是不容易的，而且编订体例很好，按受信人为单元；受信人之先后，按各受信人所收到第一封信的时间先后为准；同一受信人如收到多封信函，又以信函的时间先后排列，便于阅读。这近千封函电，涉及近三百人与单位。如致孙中山函 28 通，致钱玄同函 59 通等。当然一定还会有许多遗漏，后人就是在这基础精研精进，这是历史发展的必然。

第十二卷 《演讲集》上、下册

演讲是太炎先生一生极其重要的组成部分，从 1906 年到 1936 年，他的学术演讲与政治演讲，我收集到的超出 170 多次，这些演讲都是有时间有题目，但我精力所能实际收集在《演讲集》中的演讲只有 143 篇，70 多万字。有的演讲较短，只有百字左右，有的演讲多达数万字，但都反映了他的政治主张与学术观点。太炎先生的政治经历复杂，他的学术文章艰涩，所以研究太炎先生，不妨从读《演讲集》入手，因为文字比较通顺。他的大部分学术著作都是在讲学基础上形成的，或形成后再演

太炎先生使用的粉彩瓷蝶，有花鸟、人物纹饰，栩栩如生，图样精美。

讲加以发挥的。

我编订校点《演讲集》用了较长时间，前前后后花了十多年。虽然祖父去世后，他的弟子为他编了著述目录，但演讲部分只有 30 多篇，实在不能代表他的一生。我只能去研究他全部经历，依他每月每日经历去寻找他的演讲与医论，去图书馆等处一本一本杂志与报刊细细阅读，去加以收集。由于一个人的精力与能力有限，一定会有遗漏，但我把我所知的演讲线索都写在《前言》中了，希望后人去加以完善，这就是中国人的传统与美德，即"后死之责"。

第十三卷 《说文解字授课笔记》

我在收集祖父《演讲集》时，知道他 1906 年出狱后，流亡日本期间，创办"章氏国学讲习会"，聚众讲学。讲学非常系统广泛，很著名的《民报》社讲学，只是他众多讲学地点中的一个。太炎先生为钱玄同、朱遏先、鲁迅兄弟、许寿裳等八人在《民报》社开"小班"，系统讲了《说文解字》等。于是我就去收集他们的听课笔记，先在几个鲁迅纪念馆见到鲁迅先生听讲笔记残页，当然我是看不到借不到的，所幸上海文化局局长方行先生帮我复印到全部笔记。但笔记不全，而且鲁迅仅听了一遍，而钱玄同与朱遏先起码听了二三遍，于是我又去

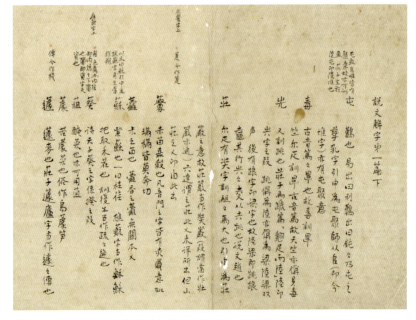

鲁迅在东京听太炎先生讲《说文解字》的笔记，我曾以珂罗版制作印行。

钱玄同先生大公子钱秉雄先生家寻访，他竟毫无保留毫无条件地把刚刚发还的十五册笔记交给了我，他说还有一本没发还。我感动地将稿本带回上海，一一复印了下来，又赶紧将原稿送还给钱秉雄先生。

面对一大堆的讲课笔记，我实在没有水平整理，于是我只好请"章黄传人"陆宗达教授承担了，因为他还带了一群弟子。于是我将钱玄同与鲁迅笔记交给陆先生，他慨然接受了委托，实际上所有的整理工作是王宁教授及李国英教授、李运富教授、万献初教授等，加上不少研究生共同完成的，抄录则是梁天俊先生完成的，先后花了十多年，逐字逐句整理，逐字逐句抄录，终于完成了这部 50 多万字的《授课笔记》。

这部《授课笔记》可以说是清以来最完整最权威的一部《说文解字》诠释，逐字逐句将许慎收录在《说文》中的九千多个汉字，一一作了讲解，对每个汉字的来历、对其音形义加以详释，每一字之后抄录了钱玄同、朱逷先、鲁迅三人的笔记，是太炎先生几代师生努力的结晶，有很高的学术价值。

第十四卷 《医论集》

有人问太炎先生，你的学术成就中什么是最高的？他总回答说："我医学第一，小学第二。"很多人认为太炎先生是在开玩笑。其实太炎先生一生最钟爱的是医学，他出生在三代业医之家，从小耳濡目染，对医学的爱好，对医学的钻研，一点不比一般医生差。加上他小学功底深厚，决定了他阅览历代医学文献，收获自然比一般人高。只是他深受传统文化熏陶，从小受"上医医国，下医医人""不为良相，即为良医"观念的影响，走上了救国道路，奋斗了一辈子，到了晚年发现国医当不成，退而医民，退守他的医学研究，先后担任了三个国医学院院长。当时中医与西医双方阵营最有影响的代表人物，

《全集》出版研讨会上许嘉璐先生向时任余杭区文旅局局长冯玉宝赠书。

居然都出于他门下。

　　太炎先生论医的文字，散落在众多著作与论述之中，在他文录、演讲、书信、眉批中均可见到，收集工作十分困难。我接到编医论集任务时，手中只有一本家印的《猝病新论》，收录了他的医论三十八篇，远远不能代表他医学的全部。于是奔走多个医学院图书馆，终于搜集了一百三十多篇，经反复考证编订了《医论集》。全书37万字。但这些文字太专业了，超出了我的知识范围，于是我请上海中医文献馆潘文奎教授组织同仁校点，他欣然接受，认真完成，又请上海最权威的姜春华教授一一阅正，终于让祖父的医论集得以面世。

社会各界读了《医论集》都很震惊，认为太炎先生为中医研究提供了活水，他对张仲景《伤寒论》及《黄帝内经》的研究为相关领域提供了一个富矿，甚至有人将章太炎《医论集》中论伤寒的文字抉取出来，编成出版了《章太炎论伤寒》一本新书。许多医界人士惊叹说，太炎先生抄录的几千种历代验方，其中许多方剂我们都不曾见到过，可见太炎先生在医学上用力之深。上海中医史研究团队，甚至将太炎先生列为近代中西医汇通派的创始人。这一切又证实了太炎先生医学的精深博大。

第十五卷 《眉批集》

2012 年，齐鲁书社出版了《章太炎藏书题跋批注校录》，序言中提到：暨南大学收藏的太炎先生生前藏书"290 种，3930 册"，"其中有《百川学海》等 11 部明刻本，加之清乾隆以前的刻本，属善本范围者 28 种"，"其中经太炎先生批注、阅读、题签的书籍有 60 余种，600余册，批语、序跋、题记近 800 条"。这么一大批价值连城的资料，怎么会跑到暨南图书馆？该书序言中仅仅在注解中写了小小的一行字："20 世纪 80 年代初，承著名史学家暨南大学陈乐素教授引荐，章氏后人将太炎先生藏书分批捐赠暨南大学"，这"章氏后人"到底是谁，也

太炎先生小篆对联。

无说明，其实是我父亲章导，大概他收过"捐款"，所以连名字也不必写了，书出版后连一册书也没有必要送家属了。好在上海人民出版社出《全集》时向齐鲁书社买下了版权，纳入太炎先生全集之中。马勇先生又补充了太炎先生过去公开发表的20篇"诗文题跋及批注眉批"。我又补充了一篇《二程全书校评》眉批，全文3万多字，由沈延国先生抄录点校。这部书怎么会留在我家，成了漏网之鱼，我记不得了，大概这部眉批是祖父校评最长的一部，我带回家读，连沈延国先生抄录稿也一起带回去了。其实家中"捐出去的"三千多册书的眉批，父母早请人抄录过了，不知父亲是否将这些抄稿一起"捐出去"了。

眉批是太炎先生学术研究的另外一重要部分，学术价值与他的其他著作一样重要。所以齐鲁书社出这本书时获得国家教育部"直接资助"。先祖父一生的眉批面世，让后人可以阅览，总也是好事。《眉批集》的三个部分，总字数达 38 万。

第十六卷 《译文集》

《译文集》收录了太炎先生译作三种。第一种是《斯宾塞尔文集》，译于 1898 年。斯宾塞尔是英国著名哲学家，被誉为"社会达尔文主义之父"。第二种是译自日本学者岸本能武太的《社会学》，系统介绍了人的起源、社会的形成、性质、发展、目的等社会问题。完成于 1903 年。第三种是由苏曼殊翻译，经他"增削"的《拜伦诗稿》。这些人都是当时社会影响最大的西方人物，太炎先生一辈子如饥似渴向西方学习，向时代进步人物学习，并把他们的代表作介绍到中国，如严复等人也是如此，他们决不是迂腐、落后、愚昧、守旧的"冬烘先生"。他

太炎先生自用"太炎""章炳麟印"文双面石印。

们不是只懂国学，不知西学。

太炎先生弟子说，太炎先生还翻译过《希腊罗马文学史》，他们也曾亲见，后被长沙章氏即他的盟兄章士钊收藏。章士钊后人也不否认他们家收藏不少我祖父的资料，还希望我协助整理，但我无暇去从事此事。

《译文集》全文 8 万字，由马勇先生编订点校。

《全集》虽然要求"全"，但"全"是很难做到的。《鲁迅全集》出版八十多年了，还经常有所增订，后人一定会增补《章太炎全集》，修订得越来越好。

第十七卷 《附录》

《附录》不是太炎先生自己的著作，附录了他去世以后人们对他的唁电、唁函、挽联、祭文等，这些文字都发表在 1936 年。

1936 年到 2016 年，这八十年中，人们对他纪念的文字，研究他的著作与论文目录，陈学然先生编了《章太炎研究文献书目初编》，收录了目录三千多篇，长达二百多页，从中可一窥世人对太炎先生研究的概貌，可作为对《全集》的导读，与《全集》有着密切关系。

《章太炎全集》二十册，不仅把他著作集中起来了，而且发表了许多新内容，对研究太炎先生的小学、经学、诸子学、佛学、哲学、文学、史学、医学有极大帮助，对研究中国近代政治史、思想史、文化史有着很大用处，阅读这二十册著作，可以帮助我们翻越公认的章太炎这座大山。

第九章

晚年评价

对于太炎先生的评价，尤其晚年的评价，应该说是争议不断的。

一、对他的评价受鲁迅影响很大

毛泽东很少毫不吝啬地赞扬一个人，而鲁迅先生则是享受这样荣誉的极少数人之一。毛泽东称鲁迅是"文化新军的最伟大与最勇敢的旗手，鲁迅是中国文化革命的主将，他不但是伟大的文学家，而且是伟大的思想家与伟大的革命家"，"他的骨头最硬"，"鲁迅的方向，就是中华民族新文化的方向"。这样的赞颂奠定了鲁迅崇高的地位，他的话几乎具有"法定"的权威。因此，鲁迅先生对太炎先生的赞扬与批评，在一个很长的时期，左右了对太炎先生的评价，这是个非常特殊的历史现象。

鲁迅先生在临终前十天与最后三天写下的对老师的纪念文字——《关于太炎先生二三事》《因太炎先生而想起的二三事》，给了他老师太炎先生崇高的评价，也包含惋惜。鲁迅先生首先对太炎先生作了崇高评价，称"考其生平，以大勋章作扇坠，临总统府之门，大诟袁世凯的包藏祸心者，并世无第二人；七被追捕，三入牢狱，而革命之志，终不屈挠者，并世亦无第二人：这才是先哲的精神，后生的楷范"。但也称"太炎先生虽先前也以革命家现身，后来却退居于宁静的学者"，"既离民众，渐入颓唐"，"但这也不过白圭之玷，并非晚节不终"。人们对太炎先生的了解与偏见大致都是受了这两篇文章的影响。这种影响是至深至大的，是人们从小形成的，我们中小学的课本选过《关于太炎先生二三事》这篇文章，所以大部分国人对太炎先生的了解基本没有跳出这个范畴。有人说这两篇是上下姊妹篇，因为鲁迅先生已无力气执笔了，所以下篇并未完成。我曾亲睹鲁迅先生的最后墨迹——《因太炎先生而想起二三事》手稿，一点点没有看出临终前的颤抖、无力、变形，相反一如既往的清楚有力。这时他的头脑是清醒的，思想是敏锐的，心中充满革命的激情，他崇尚革命，要继续革命。只是不知道他这时想起了什么，想阐发点什么……因为这触及了鲁迅先生最敏感而深层的内心。

鲁迅先生受太炎先生影响之深，一般人是大大低估了。鲁迅先生拜师太炎先生，不仅仅是接受一点国学知识，甚至如他所说，所受的小学知识"一句也不记得

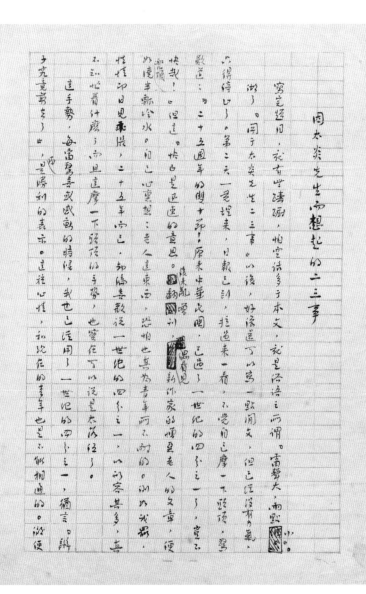

鲁迅《因太炎先生而想起的二三事》手稿。

了"，而是认为，太炎先生的文章，尤其与改良派的论战文章，即《民报》上系列文章，真令他"神旺"，这些才是先生"战斗的文章"。这些文章在编文集时被刊落，太炎先生的"自藏锋芒"，让他感到太"忠厚"了。当局与反动文人七手八脚把太炎先生奉为"一代儒宗"，从而把他从革命史中排除出去，让鲁迅先生感到痛心与失望，他无法沉默，他必须为老师"辨诬"。而鲁迅本人也是在这些"战斗文章"影响下成长起来的。他加入光复会，参加同盟会，参与反清，追求民主共和，不正是受太炎先生的影响吗？他读太炎先生文章，写出了《文化偏至论》《破恶声论》等等重要文章，呼应太炎先生的"战斗文章"，从而形成了他自己的世界观与认识论，影响了自己的好恶，这才是他与太炎先生的真正关系。太炎先生给了他怎么做人的熏陶，他的文风、性格、思想、为人……无不带有太炎先生的影子，甚至骂人也如出一辙。他要以老师为榜样，把革命继承下去，成为当代的第二个太炎！他以革命为己任，以英雄许人，以英雄自许，希望成为当代最革命的鲁迅，这才是鲁迅与太炎先生的真实关系。知此便能了解鲁迅先生为什么要为太炎先生辩诬，为什么要高度肯定太炎的革命功绩，为什么要批评太炎先生晚年的"保守与落伍"。

我们在很长一个时期误会了鲁迅先生，也误会了太炎先生，以为鲁迅先生塑造了一个"半截子革命家"，即"前半生革命而后半生落伍"的太炎先生。太炎先生有如此不堪吗？他后半生虽不如前半生冲锋陷阵成为青年的灯塔，但他的爱国之心没有淡薄过一日，这是大家公认的；而国民党当局对他围剿尤胜于清廷与洪宪，他尤能执仗正言，天下能有几人！而 1949 年后，中国共产党取得了政权，毛泽东等党的高层领导干部不约而同敏感地意识到要防止革命成功后的褪化，于是有了郭沫若的《甲申三百年祭》，有了用鲁迅笔下"半截子革命家"，以李自成到章太炎的教训，来敲打革命意志衰弱的老干部，让他们不要重蹈覆辙。由于这现实的需要，"消极的后半生"标志死死地贴在了太炎先生身上，这大概是鲁迅先生始料不及的。

鲁迅先生深知太炎先生晚年与社会的隔绝，"用自己所手造与别人所帮造的墙，与社会隔绝了"，是国民党建政后二次对他的"通缉"，吴稚晖等恶意报复，让太炎先生不得不东躲西藏，这就是鲁迅所说的"别人的手"，这是鲁迅清清楚楚的。辛亥革命后的"共和"给人们带来了什么，国民党北伐给人们带来什么，这中间的是非曲折，鲁迅是一清二楚的，他与太炎先生的关系，不是一般关系，他用他的稿费将太炎先生从日本拘役中保释出来，他用他的稿费帮太炎先生出版著作……所以对于当局没收太炎先生"乡间几间破房",当权贵们欺负他老师时,他表达"愤慨",说老师太"忠厚"了……鲁迅先生一生鲜少称颂孙中山,更没一字恭维蒋介石。当他看到当局下达"国葬令"时,仅仅将太炎先生当作"一介宿儒"加以纪念,完全抹杀了他的革命功绩时,他怒不可抑了。当他看到"章氏国学讲习会"新收的弟子制订的《同门录》,竟将他排除在外,又将太炎先生的"战斗文章"不列入《章氏丛书》及《章氏丛书续编》,他更气愤。面对当局与这些"晚年弟子"七手八脚地将太炎先生奉为"先圣儒宗",这一切都让鲁迅先生感到有话要说,一连写出了绝对经典的两篇鸿作,既纪念老师,又阐发了他的思绪,这才是师生的真正关系,比起他终生以"太炎先生"称呼自己老师,敬爱得不知要深沉多少。

其实太炎先生一生是始终如一的,他自幼受民族主义与爱国主义的熏陶,以及西方的民主共和启蒙,但他又是一个彻头彻尾的书生,他绝对不是称职的政治家。他参与政治,但并不懂政治。他从来没有做过一件对不起国家对不起民众的事,他绝对是他提倡的革命道德的模范。他不懂杀人、说谎、投机、耍手腕、出尔反尔……我曾听过美国著名的史学家史扶林教授作的关于孙中山评价的学术报告,他开宗明义的第一句话是:"孙中山不是政治家,他不会杀人!"太炎先生比孙中山更"不如"了！从某种意义上说，他们都是书生，仅仅是充满理想而已。可是一些政客与低俗文人往往以轻薄口吻批评太炎先生晚年怎么"牢骚满腹"，"怎么迂腐落后"，但他们自己晚年又怎么样呢？可喜的是，最近些年来，很多学者跳出了既定的框框，以崭新的眼光重审太炎先生，以及鲁迅先生对太炎先生评价，提出许多新见，让人耳目一新，仅上海人民出版社出版的"章学研究论丛"，已有十多部，大大改变旧说，这是十分可喜的。

二、重新认识太炎先生

近三十年来，研究太炎先生新人辈出，他们开始摆脱旧的框框，开始运用新史料，开始以全新眼光审视近代史。他们有的从宏观角度进行研究，企图全面认识与评价一个人；有的则是从微观角度去研究他的一段历史，或一个观点，或一部著作……不管从什么角度研究，一部近现代史中太炎先生是一个绕不过去的人物，也是检验一个人的学术功力的。有学者说，我们每个史学研究者起码要有一篇这方面力作，我认为这是必要的，这是跨入近现代史的入场券。

曾经长期旅日的学者林少阳教授有许多新见（林少阳《鼎革以文——清季革命与章太炎"复古"的新文化

1981 年是辛亥革命七十周年纪念日，国家予以隆重纪念，正式将辛亥革命纳入中国近代革命的一个部分，共产党领导的新民主主义革命，是辛亥革命的继续，正式将孙中山、章太炎、黄兴列为"辛亥三杰"，加以纪念，出邮票一组。

余杭仓前章太炎故居被列为国家重点文物保护单位，内塑有"辛亥三杰"——孙中山、章太炎、黄兴三人像。

运动》，上海人民出版社出版），他说太炎先生几乎否定一切，反对一切，他反对清廷，反对帝国主义，反对袁世凯称帝，反对新军阀蒋介石，反对拿俄国津贴的共产党，反对军阀割据，反对日寇侵华，反对封建专制……他站在天下的高度去思考国家的问题，而不是站在一个党派的立场。他以一个人民的立场去监督政府。他认为伦理性与道德性为文明最重要的基础，他像堂吉诃德一样，以一人之力向一切邪恶挑战；他横冲直撞，以"依自不依他"的哲学观去对抗一切不公。西方称他为"桀骜不驯的怪人"，东方有人称他"章疯子"，但他身上又集中这么多优秀的东西，清政府没能杀他，袁世凯也不敢杀他，蒋介石也只敢通缉他。人们对他是各取所需，胡适片断吸收章太炎的"国故"，周作人、沈兼士等将章太炎小学研究方言音韵"挪用"于《歌谣》杂志，以探讨白话文学与白话文结合的可能；鲁迅则从章太炎的"复古"的新文化运动，翻转为"反复古"的新文化运动；沉迷于传统学术的"章氏国学讲习会"的青年古典学者，则取走"国学大师"章太炎的国学；毛泽东则取走"法家"的章太炎，宋美龄则取走章太炎的"反共"而反对"招安"；中共则取他的"爱国主义"……国民党勉强下了"国葬令"，但国民党党史与台湾的史馆、英烈馆竟没有太炎先生的一点痕迹。中共经历"文革"后，痛定思痛，选择了八十三名历史人物作为中华英杰，发文纪念，防止再随意篡改历史，孙中山、章太炎都被列为"中华英杰"，但纪念的规格与实际待遇是绝对不同的。人们用实用主义来对待太炎先生，这仍是历史的悲哀。

近三十年来学术界代表人物陈平原教授，他虽然不是以研究太炎先生著称，但他写过一篇论述，非常有代表性，他说：

> 身兼斗士与学者的章太炎，一生屡遭世变，多次卷入政治斗争漩涡，可依然著述、讲学不辍。早年奔走革命，不忘提倡学术；晚年阐扬国故，可也呼吁抗日。在政治与学术之间徘徊，是清末民初学者的共同特征；章太炎的好处是干什么像什么，是个大政治家，也是个大学者。后世学人关于民国以后的章太炎是否"退居于守静"的争论，未免过分集中关注其政治生涯。换一个观察角度，由从政转为学问，很难简单认为"颓唐"或"消极"。在我看来，章太炎不只是革命家，更是近代中国最博学、思想最复杂高深的人物。鲁迅称章氏为"有学问的革命家"，我则倾向于将其作为"有思想的学问家"

来考察。①

对太炎先生根本无法"一言以蔽之"。正如侯外庐先生说，在太炎先生身上"表现出自我横冲的孤行独见，在中国思想史上这样有人格性的创造，实在数不上几人"。也如贺麟先生所说，"（太炎）他不但反对传统的中国思想，他同样的反对西方新思想……有更大的思想解放、超出束缚的效力"。所以陈平原先生说"谈论章太炎的学术思想不容易，因其糅合百家而又自成宗派，思想资料和学术渊源颇为复杂，不同时期所吸收，所推崇的又都很不一致"，所以不能简单地评论。他说"古今中外第一流的文人学者，老来不如年青时激进，立论日趋平实公允，此乃常态"。②

持有这样看法的还有日本著名学者原岛春雄教授，他早在1983年写的《章太炎的学术与革命》，③已提出了类似看法，他说：

> 章太炎的目标是立足于中国自身的历史，创立新的中国。在这个意义上，他的确是资产阶级革命

---

① 陈平原《追忆章太炎·后记》，生活·读书·新知三联书店，1996年。
② 陈平原《追忆章太炎·后记》。
③ 发表于日本著名学刊《思想》第708号。

家。不过，章太炎早已意识到，作为近代资产阶级社会怪胎的帝国主义正在极力维护封建主义清朝的统治，使人民处于陪隶的地位。对他来说，既然处于资产阶级世界最先进地位的欧美列强，以及追随欧美列强的日本已经成为帝国主义并对中国进行侵略，那么他们毫无疑问就是革命的对象，就是中国为夺回自己历史而必须打倒的对象。章太炎主张的革命原理，即光复民族主体性的历史，在某种意义上是一把双刃剑。章太炎的革命理论在思想上远高于在辛亥革命中很大程度上对帝国主义抱有幻想的孙中山。

探求作为民族主体性的历史，这是章太炎的国学，是其革命的理论。他在因笔祸而入狱期间曾说过下面的话：

上天以国粹付余，自炳麟之初生，迄于今兹，三十有六岁，凤鸟不至，河不出图，惟余亦不任宅其位，繄素王素臣之迹是践，岂直抱残守阙而已，又将官其财物，恢明而光大之！怀未得遂，累于仇国，惟金火相革欤？则犹有继述者。至于支那闳硕壮美之学，而遂斩其统绪，故国民纪，绝于余手，是则余之罪也！

在这里我们看到，章太炎不仅仅是革命理

论——体现民族主体性的历史——的探求者。历史
通过章太炎发出呼声并显现出来，革命只有依靠国
学才能获得理论依据，国学通过革命才能得以发展，
章太炎正是站在革命与国学的结合点上。革命的国
学家章太炎丝毫未自相矛盾……章太炎正是站立于
革命与国学结合的理论高地，看破了这一点。

原岛春雄不认为晚年太炎先生以"文"、以"国学"
作为他奋斗的手段是"落伍"，他全面肯定太炎先生，并
不认同所谓"半截子革命家"的说法，我认为他是正
确的。

"文革"后培养的第一代史学博士王玉华先生用十六
年功夫撰写了一部论章太炎专著，十年后再版，他在
《再版后记》中说，对太炎先生研究起码有五个误区：

其一，认为戊戌时期太炎先生追随康梁鼓吹变
法，其改良主义思想体系，乃南海之翻版焉；

其二，认为太炎先生的思想早年"激进"，晚年
趋于"保守"；

其三，认为太炎先生是一个政治上的激进主义
者，文化上的保守主义者；

其四，认为太炎先生是一个非理性的思想家；

其五，认为太炎先生的"俱分进化"思想乃一"进步主义"的历史观。

他的大作洋洋四十多万字，《再版后记》又用数万字澄清五个误区，可见新一代学人与老一代学人的不同，这象征了"章学"研究的新开端。王玉华教授说：

"章学"研究，自太炎先生去世之后即已开始，迄今已有八十余年的历史。通过几代学者的努力，虽然路途并不坦平，有时甚至受到政治因素的巨大干扰而被扭曲，并且存在着许多重大学术问题尚有待进一步的澄清，然无论是资料的出版还是学术的探讨都取得了不少的成绩，打下了初步的基础。然而……八十年来"章学"研究的成绩，又是令吾人极其不满意的。日本东京大学的林少阳教授曾对笔者言："章学研究，其实刚刚起步。"……透出了当下的"章学"研究有着诸多的机遇，学者之研究"章学"存在着广阔的空间。然而，当今吾国学界之学风与学术管理体制，却给真正的学术研究带来了巨大的困扰，表面上的学术繁荣，掩盖不了真正学术研究的衰退与堕落，这对于艰奥难懂的"章学"研究来说，无异于是雪上加霜。……当今吾国之学界，诚如有的学者之所言，江湖习气弥漫，学风中夹着"痞风"，大家为了利益而结成不同的学术团体，而真正的学术精神则荡然矣。……我"章学"研究学者，若无学术奉献之精神，守此一点学术之灵明，一心向学、孜孜矻矻，食苦而攻淡，则恐不能为功也。①

我非常认同林少阳教授、陈平原教授、原岛春雄教授、王玉华教授的观点，他们都是当今学术界的佼佼者，都不是浪得虚名的学者，他们的新视野、新观点预示着章太炎研究的广阔天空。而一个更全面更真实的章太炎问世，有益于我们的学术，有助于我们的精神文明建设，有助于我国树立正气，光大爱国主义精神，这关系到我们走什么路，做什么样的人，而不仅仅是对一个历史人物评价。

对太炎先生晚年的评价，由于大家对"晚年"的认识标志不一。有的认为一个人只有三阶段——早年、中年、晚年，所以晚年应从袁世凯去世太炎先生重获自由算起，到去世的二十年；也有认为应从南京政府成立算起，他彻底成为"中华民国"遗民，离开了政治舞台，

---

① 王玉华《多元视野与传统的合理化——章太炎思想的阐释》，上海人民出版社，2018年。

成为一个"宁静"的学者；有人认为应该以年龄为标准……等等。而我只是将太炎先生六十五岁到苏州讲学与定居算起，即最后的五年作为他的晚年，所以本书也只重点讲他最后的五年。即从停止漂泊而到相对安宁的有家庭之乐的最后的五年，因为他也是普通的人，有权享受普通人的生活，所以重点讲讲他有人伦之乐的最后岁月。

图书在版编目(CIP)数据

子其艰贞:晚年章太炎/章念驰著. —上海:上海
人民出版社,2023
(莼汉丛书)
ISBN 978 - 7 - 208 - 18545 - 6

Ⅰ.①子…　Ⅱ.①章…　Ⅲ.①章太炎(1869－1936)
－人物研究　Ⅳ.①B259.25

中国国家版本馆 CIP 数据核字(2023)第 181574 号

责任编辑　张钰翰
封面设计　陈绿竞　等

莼汉丛书
章太炎研究中心　主编

子其艰贞——晚年章太炎
章念驰　著

出　　版　**上海人民出版社**
　　　　　(201101　上海市闵行区号景路 159 弄 C 座)
发　　行　上海人民出版社发行中心
印　　刷　苏州工业园区美柯乐制版印务有限责任公司
开　　本　890×1240　1/32
印　　张　9.5
插　　页　4
字　　数　153,000
版　　次　2023 年 11 月第 1 版
印　　次　2023 年 11 月第 1 次印刷
ISBN 978 - 7 - 208 - 18545 - 6/K·3320
定　　价　98.00 元